DETAIL Praxis

Großformatige Ziegel

Details
Produkte
Beispiele

Theodor Hugues
Klaus Greilich
Christine Peter

Edition Detail

Autoren:

Theodor Hugues, Univ.-Prof. Dr. -Ing., Architekt
Lehrstuhl für Baukonstruktion und Baustoffkunde,
Technische Universität München
Klaus Greilich, Dipl.-Ing. Univ., Architekt
Christine Peter, Dipl.-Ing. Univ., Architektin

Zeichnungen:
Redaktion Detail
Ina Philipp, Dipl.-Ing. Univ.
Anna Werth, Dipl.-Ing. Univ.

Sekretariat:
Marga Cervinka

Redaktion und Lektorat:
Nicola Kollmann, Dipl.-Ing. (FH)
Andreas Gabriel, Dipl.-Ing. Univ., Architekt

ISBN 3-920034-09-0

Gedruckt auf säurefreiem Papier, hergestellt aus
chlorfrei gebleichtem Zellstoff.

DTP & Produktion:
Peter Gensmantel, Cornelia Kohn, Andrea Linke,
Roswitha Siegler

Druck:
Wesel-Kommunikation
Baden-Baden

1. Auflage 2003
3000 Stück

Institut für Internationale
Architektur-Dokumentation GmbH & Co.KG
Sonnenstraße 17, D-80331 München
Telefon: +49 / 89 / 38 16 20-0
Telefax: +49 / 89 / 39 86 70
Internet: www.detail.de

Das »Arbeitsheft Bauen mit großformatigen Ziegeln«, als Vorläufer dieses Buches, entstand auf
Anregung des Ziegelforum e.V., München.

Der Dank der Autoren gilt den Beratern Herrn
Dr.-Ing Bernhard Behringer (Tragwerk)
sowie Herrn Dr.-Ing. Peter Roeke
(Putz auf Ziegelmauerwerk)

DETAIL Praxis
Großformatige Ziegel

Theodor Hugues
Klaus Greilich
Christine Peter

Inhalt

Um die Probleme und die Zusammenhänge anschaulich zu machen, wurden zwei in der Grundanlage gleiche Reihenhaustypen, A und B, entwickelt, die keinen Anspruch auf Besonderheiten haben, sondern den „Normalfall" schildern sollen. Sie unterscheiden sich durch den Grad des Ausbaus und durch die angewandten Baumethoden und Baustoffe.

A

ist ein einfaches Haus: A hat keinen Keller und kein ausgebautes Dach; der gewünschte hohe Eigenleistungsanteil soll durch den Verzicht auf eine zentrale Heizungs- und Warmwasseranlage, die Anwendung einer Ziegeldecke bzw. einer Holzbalkendecke und den Einsatz handelsüblicher Bauelemente unterstützt werden. Elektrische oder gasbefeuerte Einzelöfen stehen vor der Wand.

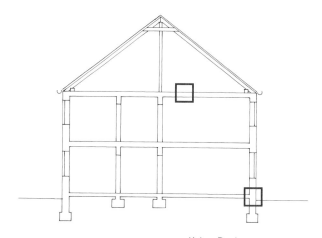

Kalter Dachraum
Kein Keller
Angehobenes Erdgeschoss
Hoher Anteil an Eigenleistungen

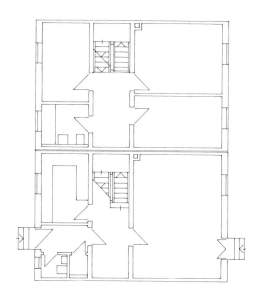

Längstragwände
Holztreppe
Notkamin
Vorwandinstallation

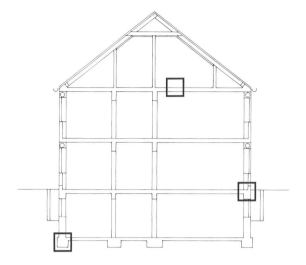

B

ist ein anspruchsvolleres Haus: B ist unterkellert
und hat ein ausgebautes Dach. Stahlbetonmassiv-
decken und eine zentrale Warmwasserheizung und
Warmwasserversorgung bedingen einen höheren
baulichen Standard ebenso wie die Fenster mit
Rollläden. Die Ausführung durch Fachfirmen ist
naheliegend. Das Sparrendach stützt sich gegen
eine Aufkantung der Stahlbetondecke und gibt
einen stützenfreien Dachraum. Durch den schwel-
lenlosen Zugang und Ausgang zum Garten ist eine
behindertenfreundliche Benutzung gegeben.

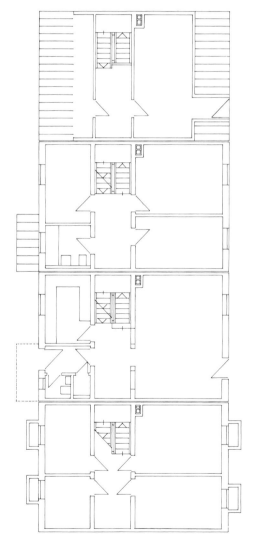

Ausgebautes Dach
Kalter und warmer Keller
Stufenloser Zugang
Vorwandinstallation
Heizkörper und Kamin
Ausführung durch Firmen

Haus A

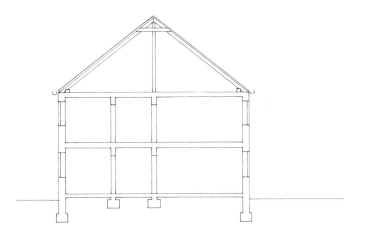

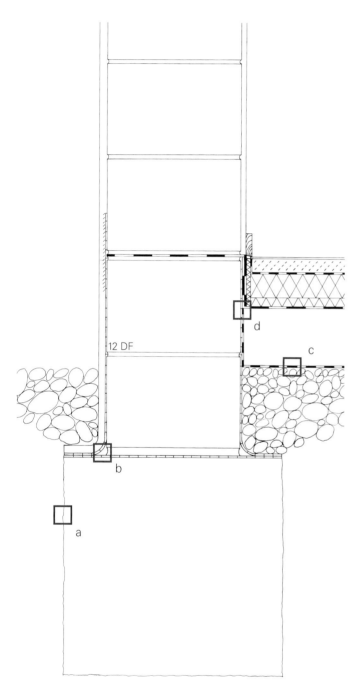

□ a
Bei Baugründen mit guter Standfestigkeit wird der Fundamentgraben mit dem Bagger ausgehoben. Die Fundamentbreite wird daher von der Breite des Baggerlöffels bestimmt und muss zudem auf die zulässige Bodenpressung überprüft werden. Die erforderliche Frosttiefe (mind. 80 cm, in exponierten Lagen bis 120 cm) kann durch ein entsprechend hohes Streifenfundament hergestellt werden.

□ b
Auf der Abgleichung des unbewerten Betons (C12/15) wird eine Fundamentwand aufgemauert, die beidseits vor Durchfeuchtung geschützt werden muss.

Ein für Putz erprobtes System ist die Feuchtigkeitsabdichtung aus einer elastischen Dichtschlämme. Diese wird auf einer Kratzspachtelung mehrlagig, mind. 2 mm dick, mit der Bürste aufgetragen und außenseitig mit einem Sockelputz (Putzmörtelgruppe P III) überputzt.

Um den Ablauf des Fassadenwassers zu sichern, werden Schlämme und Sockelputz mit einer Flaschenkehle bis zum Fundamentrand geführt.

Der Traufstreifen aus grobem Kies vermindert die Spritzwasserbelastung des Sockels.

□ c
Auf die ausgehobene Fläche zwischen den Wänden wird eine kapillarbrechende Schüttung aufgebracht, die eine dauernde Durchfeuchtung von unten verhindern soll und die Entspannungsmöglichkeiten für sich kurzzeitig stauendes Wasser bietet. Diese besteht aus mindestens 15 cm grobkörnigem sauberem Kies (DIN 18195),

im Idealfall Sieblinie 16/32, der gut verdichtbar, aber von ausreichender Durchlässigkeit ist. Um das Eindringen von Beton bei der Herstellung der Bodenplatte zu verhindern, wird sie mit einer 0,2 mm dicken PE-Folie abgedeckt.

□ d
Zum Schutz gegen kapillar aufsteigende Feuchtigkeit ist eine durchgehende waagerechte Abdichtung erforderlich: Wandabdichtung und Fußbodenabdichtung müssen zusammengeschlossen werden.

Um die unterschiedlichen Setzungen von Wand und Bodenplatte so gering wie möglich zu halten, müssen Erdboden und kapillarbrechende Schüttung sorgfältig verdichtet werden; ein möglichst später Einbau der Bodenplatte ist vorteilhaft. Die Fußbodenabdichtung, nichtdrückendes Wasser und mäßige Beanspruchung vorausgesetzt, besteht aus einer Lage Bitumendichtungsbahn (z. B. G 200 DD mit Glasgewebeeinlage) oder einer Lage Bitumenschweißbahn (z. B. V60 S4 mit Einlage aus Glasvlies) mit 10 cm verklebten Stößen: lose verlegt, punktweise oder vollflächig verklebt.

Fußbodenabdichtung und horizontale Wandabdichtung werden miteinander mit 10 cm überlappten Stößen verklebt. Da sie zu unterschiedlichen Zeitpunkten ausgeführt werden, ist eine robuste Wandabdichtung mit einer Bitumenbahn mit Metallbandeinlage angeraten (z.B. Cu 0,1 D).

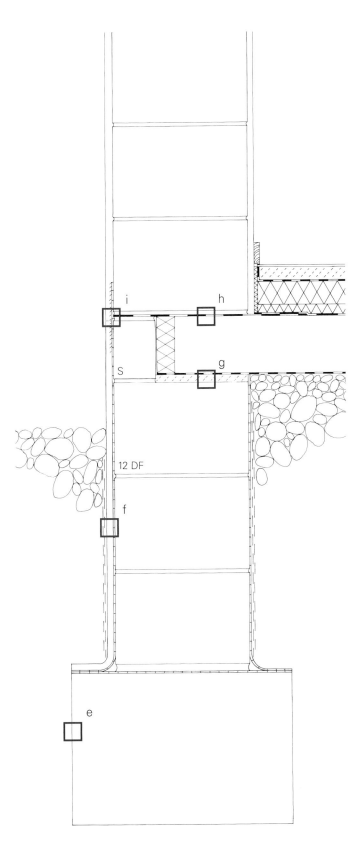

□ e
Wenn das Erdreich des Fundamentgrabens nicht stehen bleibt, muss das Streifenfundament zweiseitig geschalt werden. Fur das Aufstellen der Schalung ist ein Arbeitsraum von 50 cm erforderlich. Für den Aushub ist der nach der Bodenklasse gestaffelte Böschungswinkel (60°–40°) hinzuzurechnen.

□ f
Die gemauerte Fundamentwand muss abgedichtet, die Abdichtung vor mechanischen Beschädigungen geschützt werden. Als Grundmauerschutz werden z. B. Bitumenwellplatten oder Kunststoffnoppenbahnen eingesetzt.

Die Baugrube muss lagenweise verfüllt, das Auffüllmaterial innen und außen gleichzeitig verdichtet werden.

□ g
Die Bodenplatte bindet in die Fundamentwände ein. Um Spannungen durch unterschiedliche Setzungen aufnehmen zu können, muss sie mindestens im Randbereich bewehrt werden.

Die Abdeckung der kapillarbrechenden Schüttung mit einer PE-Folie ist die einfachste Ausführung; Beschädigungen durch die Bewehrung oder bei der Herstellung der Stahlbetonbodenplatte stellen dabei ein Risiko dar (siehe Seite 12, b).

□ h
Ein wesentlicher Vorteil der Stahlbetonbodenplatte besteht in dem setzungsunempfindlichen Zusammenschluss der Wand- und Fußbodenabdichtung. Die eben durchgehende Wandabdichtung bestimmt zusammen mit der Regel-Sockelhöhe von ca. 30 cm (DIN 18195) die Lage des Fußbodens über dem Gelände. Die Abdichtung gegen seitliche Feuchtigkeit „muss planmäßig im Regelfall bis 300 mm über Gelände hochgeführt werden, um ausreichende Anpassungsmöglichkeiten der Geländeoberfläche sicherzustellen. Im Endzustand darf dieser Wert das Maß von 150 mm nicht unterschreiten".
Zitat DIN 18195 T4

□ i
Auf Sockelhohe endet der feuchtigkeitsunempfindliche Sockelputz. Mit entsprechenden Putzsystemen können Sockelputz (P III) und Leichtputz (PII) ohne Strukturunterschiede ausgeführt werden. Die Wandabdichtung wird bis zur Außenkante des Rohbaus geführt. Diese für den Außenwandputz problematische Störung des Putzgrundes wird mit einem Putzträger aus Streckmetall überspannt.

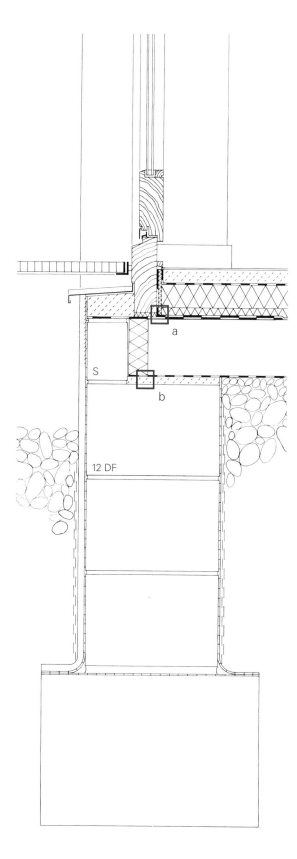

□ a
Der Fenstertürrahmen wird
auf der Bodenplatte aufgestellt, ausgerichtet, verkeilt
und mit Flachstahlschlau-
dern auf der Bodenplatte
befestigt. Die Fußbodenabdichtung wird am Rahmen
angeschlossen.
Nach dem Setzen des
Rahmens wird der Aufbeton
mit ca. 10 % Gefälle nach
außen aufgebracht. Um eine
Durchfeuchtung zu vermei-
den, wird das Rahmenholz
mit PE-Folie oder Krepp-
papier umwickelt.

□ b
Der aus dem Wandanschluss
kommende Dämmstreifen
(feuchtigkeitsunempfindliche
Platten aus Polystyrol, Mineralfaser oder Perlite) wird
weitergeführt. Schäden an
Mauerwerk und Dämmung
beim Betoniervorgang wer-
den durch das Einbringen
der Wärmedämmung nach
dem Betonieren vermieden.
Mit der Vorblendung aus
geschnittenen Ziegeln wird
ein einheitlicher Putzgrund
hergestellt.

□ c
Die vorgelegte Stufe (Betonfertigteil, Werkstein, Ortbeton) wird vom Haus unabhängig auf der verdichteten
Verfüllung, besser auf
30 – 40 cm sorgfältig ein-
gerütteltem Frostschutzkies
gegründet. Alle Flächen sind
mit 1 – 2 % Gefälle anzulegen.

□ d
Durch die Auflagerung
des Rostes auf angedübelte
Beiwinkel kann der Bauablauf
entflochten werden.

□ e
Die Blechabdeckung des
Estrichs wird wie das Fensterblech seitlich eingeputzt,
am verzinkten Türwinkel
angeschraubt und dort mit
einer Fase aus Dichtstoff
angedichtet.

□ f
Der verzinkte engmaschige
Gitterrost wird mit Abstand-
haltern und Selbstschneide-
schrauben oder über
angeschweißte Sechskant-
schrauben befestigt. Die
Fußbodenabdichtung muss
am Türwinkel dauerhaft
angeklebt werden.
Diese robuste Ausführung
mit Türwinkel und einfachem
Anschlag ist nur in einem
Vorraum möglich, der nicht
voll beheizt wird.

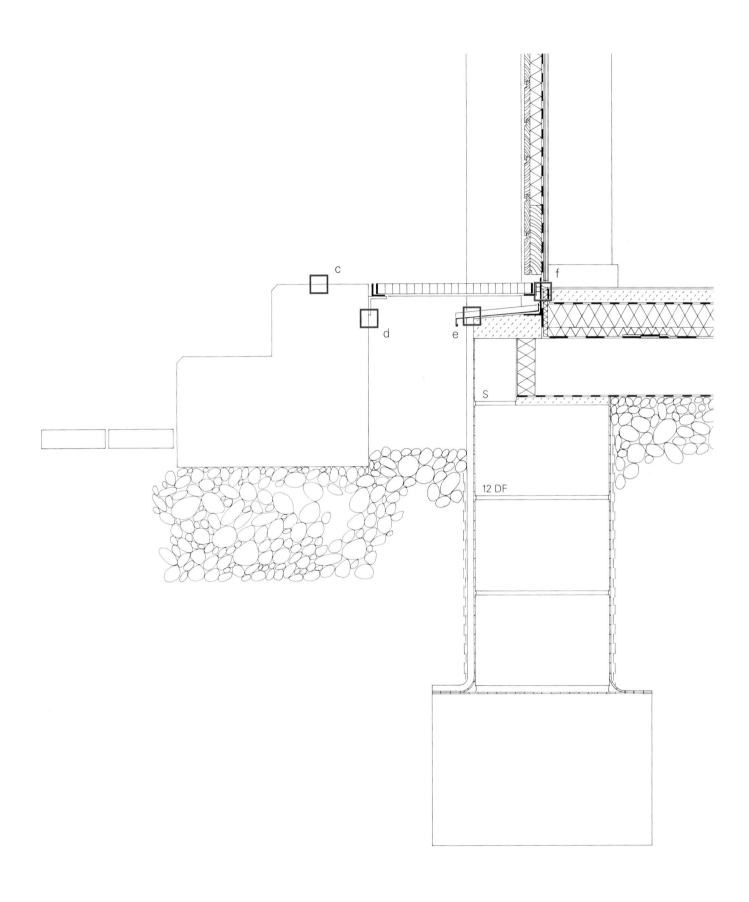

c

d

e

f

S

12 DF

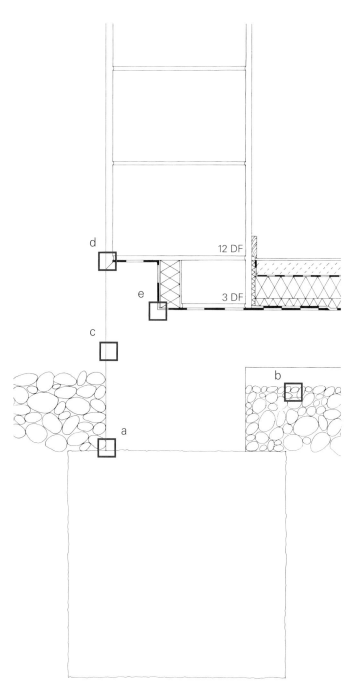

□ a
Die Gründung muss frostfrei
auf gewachsenem Boden er-
folgen. Auf dem Überstand
des in „Erdschalung" gegos-
senen Streifenfundaments
kann die Außenwand genau
eingemessen und die Scha-
lung der Fundamentwand
aufgestellt werden.

□ b
Die Abdeckung der kapillarbrechenden Schüttung mit
etwa 5 cm Magerbeton
(C 8/10) verhindert das Ab-
fließen des Zementleims.
Das genaue Aufstellen der
für die Stahlbetonboden-
platte notwendigen Bewehr-
rung wird erleichtert.

□ c
Um Schäden durch Spritz-
wasser zu vermeiden, sollte
die Fundamentwand mit ausreichender Betondeckung
sorgfältig verdichtet und
ohne Arbeitsfugen hergestellt
werden.

□ d
Die mit einer Dreikantleiste
(15 × 15 mm) gefaste
Betonkante ermöglicht einen
putzbündigen Anschluss.
Durch die unterschiedlichen
Verformungen ist eine Trennung erforderlich. Der
Abschluss des Putzes mit
einem verzinkten, besser
nichtrostenden Putzprofil
und das Füllen der Fuge
zwischen Profil und Beton
mit einem elastischen Dichtstoff, kann die unterschiedlichen Längenänderungen
durch Schwinden und Wär-
medehnung auffangen.

□ e
Da Bitumenbahnen beim Bie-
gen brechen können, ist für
die horizontale Wandabdichtung eine Bitumenbahn mit
Metallbandeinlage erforderlich.

Die ca. 5 cm dicke Kern-
dämmung (Mineralfaser, Polystyrolhartschaum) stellt die
erforderliche Wärmedäm-
mung wieder her.

Die Wärmebrücke –
Hintermauerung/Sockelbeton
– kann durch Verlängern der
Kerndämmung nach unten
abgemindert werden.

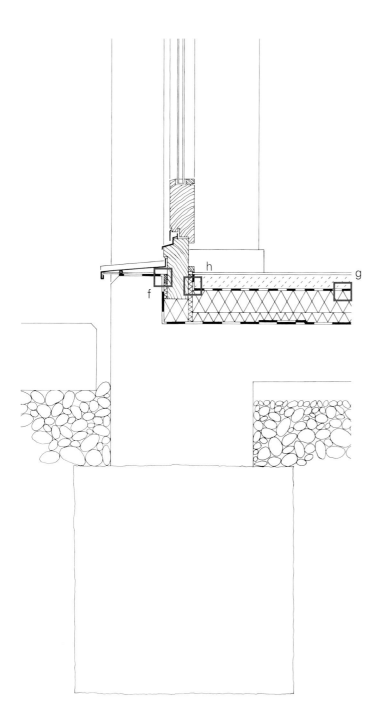

□ f
Die Wandabdichtung wird in der Türöffnung weitergeführt und muss während der Bauzeit geschützt werden. Um eine Unterwanderung durch Feuchtigkeit zu verhindern, ist das freie Ende sorgfältig anzukleben.

Der untere Rahmen wird mit aufgeklebten und vorkomprimierten Dichtungsbändern eingebaut.

□ g
Die steifere Wärmedämmung wird auf die elastischere Trittschalldämmung aufgelegt und vor dem Einbringen des Estrichs mit einer Trennlage abgedeckt.

□ h
Der schwimmende Estrich muss ohne stoffliche Verbindung zu angrenzenden Bauteilen eingebaut werden. Nur so ist die schalldämmende Wirkung gewährleistet. Der umlaufende Randdämmstreifen (Mineralfaser, Polystyrolschaum 8–10 mm dick) wird 2–3 cm über OK Belag geführt und nach dem Einbringen des Oberbodens abgeschnitten.

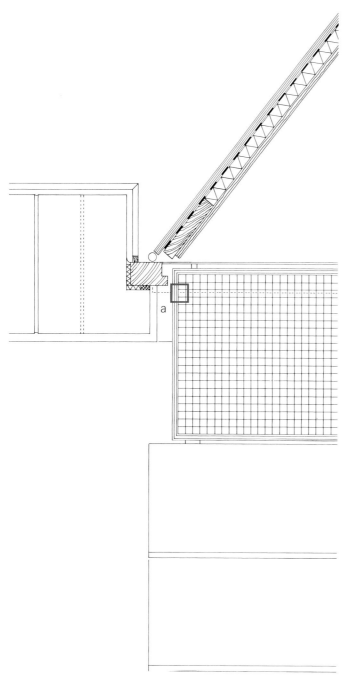

□ a
Die „brückenartige" Aus-
bildung des Rostes hat Vorteile: Der Zwischenraum
zwischen Rost und Leibung
ist so breit, dass er gut gereinigt werden kann; der Türrahmen muss für den Rost
nicht ausgeklinkt werden.

□ b
Nach dem Setzen, Aus-
richten und Befestigen der
Tür wird der verzinkte Türwinkel einbetoniert; der
Beton der Bodenplatte wird
gereinigt, von losen Teilen
befreit und zur Verbesserung
der Haftung angenässt und
angerauht oder mit einer
Haftbrücke versehen.

□ c
Der Türrahmen endet knapp
über dem Estrich und wird
mit dem durchgehenden
Türwinkel verschraubt. Das
Hirnholz wird geschützt, die
Fuge umlaufend mit dauer-
elastischem Dichtstoff
abgedichtet.

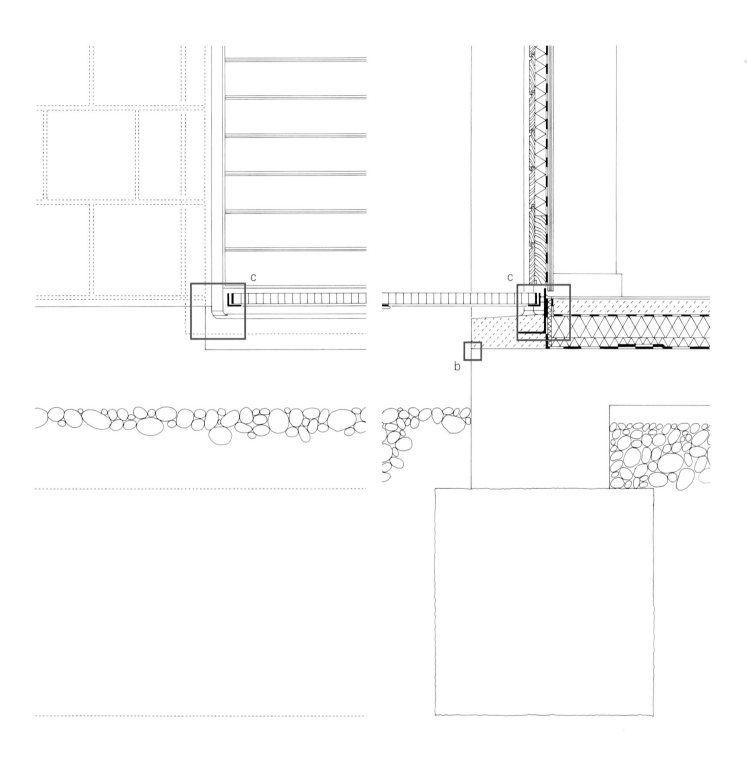

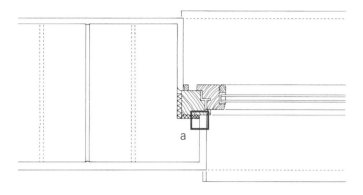

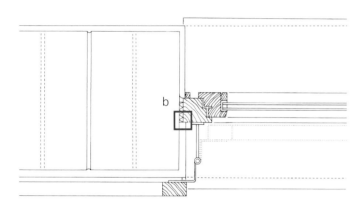

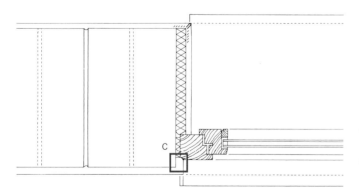

☐ a

Der Maueranschlag für Fenster und Türen hat eine lange Tradition. Vom kleinformatigen Verband abgeleitet, beträgt die Tiefe 11,5 cm (¹/₂ Stein) und die Breite ca. 6 cm (¹/₄ Stein). Im großformatigen Leichtziegelmauerwerk kann der Anschlag mit Formsteinen oder durch Sägen von ganzen Steinen hergestellt werden.

Diese etwas aufwändigere Ausführung gewinnt auch aus Gründen der Bauphysik und der Baupraxis wieder an Bedeutung: Wärme- und Feuchteschutz werden verbessert; die Fuge zwischen Fensterrahmen und Putz liegt zurückgesetzt und geschützt.

Der Fensterrahmen, grundiert und mit Zwischenanstrich versehen, wird mit einem vorkomprimierten und imprägnierten Dichtungsband eingesetzt, das durch Rückstellung auf seine ursprüngliche Größe Unebenheiten ausgleichen kann. Die Fuge zwischen Rahmen und Mauerwerk muss mit einem feuchtigkeitsunempfindlichen Dämmmaterial gefüllt (z.B. FCKW-freier Schaum) werden. Wird die Anschlussfuge raumseitig mit einem dampfsperrenden Dichtstoff verschlossen, so kann eine Durchfeuchtung durch Tauwasser vermieden und die Wirkung des Dämmstoffes ungemindert erhalten werden. Für eine saubere Bauausführung sind vorkonfektionierte Bandprofile lieferbar, die die Wind- und Dampfdichtigkeit zwischen Wand und Fenster herstellen.

☐ b

Der Verzicht auf Anschläge bei Sturz und Leibung vereinfacht die Ausführung erheblich. Nun aber muss in der glatt durchgehenden Fuge viel „bewältigt" werden:
– die Aufnahme von Maß- und Ebenheitstoleranzen (DIN 18202);
– die Befestigung des Rahmens (Schlaudern, Durchsteckdübel, alle ca. 80 cm);
– die unschädliche Aufnahme von temperaturbedingten Längenänderungen, von Verformungen und Bewegungen;
– die Abdichtung gegen Wind (von außen) und Dampf (von innen), da in der Fuge durch eine Temperaturdifferenz von 15–20° mit Tauwasser zu rechnen ist;
– der Schutz gegen Regen und Schlagregen. Bauphysikalisch werden für das Fenster in der Mitte der Leibung die günstigsten Werte gemessen: Die Isothermen verteilen sich auf die gesamte Leibungstiefe.

☐ c

Wandert das Fenster weiter nach außen, so erhöhen sich nicht nur die Beanspruchungen des Bauteils und seiner Anschlüsse durch Sonne, Regen und Wind; gerade bei hochwertig dämmenden Wandbaustoffen kann es im Winter zu Unterschreitungen des Taupunktes in der Leibung kommen: Tauwasser ist die Folge, Schimmelpilze siedeln sich an. Die Anbringung einer Leibungsdämmung ist angeraten.

Zur Herstellung eines handwerklich brauchbaren Putzumgriffs ist das Fenster mindestens 2 cm hinter die Rohbauflucht zurückzusetzen.

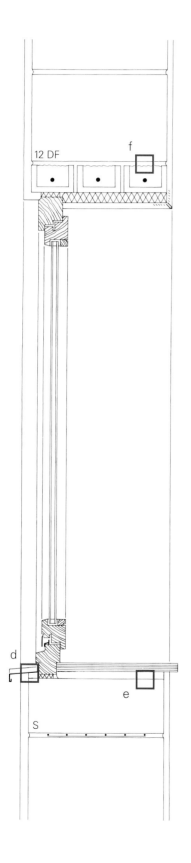

□ d

Unabhängig von der Ausführung der Leibung und der Lage des Fensters gilt: Auf der Brüstung entfällt der gemauerte Anschlag. Die serienmäßige Fensterbank aus 2 mm Aluminium mit ca. 1:10 Gefälle wird mit Haltern so auf der Wand befestigt, dass die Tropfkante ca. 3 cm Überstand vor dem Außenputz erhält. Für den seitlichen Putzanschluss werden L- oder C-förmige Profile auf die Aluminiumbank aufgesetzt und eingeputzt. Die werkseitig auf die Fensterbank aufgebrachte Schutzfolie darf erst nach Beendigung der Putz- und Anstricharbeiten abgezogen werden, um Flecken z.B. durch Kalk oder Zement zu vermeiden.

□ e

Sollten für die Brüstungshöhe die großformatigen Steine nicht „aufgehen", so können entsprechende Passsteine gesägt werden.
Die möglichst weit oben im Brüstungsmauerwerk eingelegte korrosionsgeschützte Bewehrung hilft „Brüstungsrisse" vermeiden.

□ f

Ziegelflachstürze bestehen aus U-förmigen Ziegelschalen, in die schlaffe oder vorgespannte Bewehrungsstäbe eingelegt und einbetoniert werden. Konstruktiv gesehen, bilden sie das Zugband des Sturzes: Ziegelflachstürze müssen daher mit einer „Druckzone" übermauert werden, für die Leichtziegel mit der Druckfestigkeitsklasse 12 zu verwenden sind.

Ziegelschalen werden mit Höhen von 7,1 und 11,3 cm angeboten; die Breite beträgt 11,5 oder 17,5 cm. Ziegelflachstürze dürfen ohne statischen Nachweis nur als Einfeldträger bis 3,00 m Stützweite verwendet werden; ab Lichtweiten über 1,25 m sind Montageunterstützungen erforderlich. Für vorgefertigte schlaff bewehrte oder vorgespannte Ziegelflachstürze bestehen Zulassungen.

Gesägte Passsteine sind entweder am Auflager der Ziegelflachstürze oder für deren Untermauerung erforderlich. Damit wird das durchgehende Höhenraster der großformatigen Ziegel von 25 cm eingehalten.

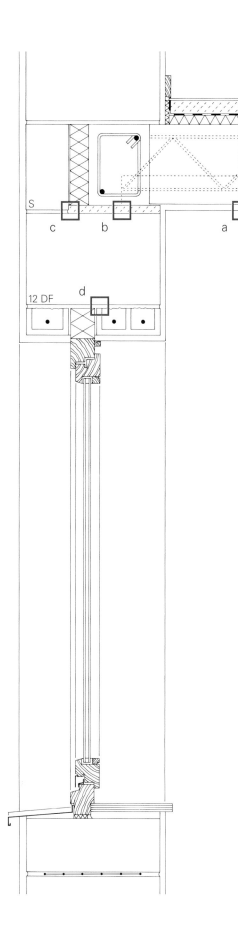

□ a
Ziegeldecken können ohne
Schalung in kurzer Zeit
in Eigenleistung ausgeführt
werde; lediglich eine
Montageunterstützung der
Träger ist erforderlich.
  Die Deckensteine aus
Ziegelhohlkörpern liegen auf
Rippen aus Ortbeton mit
einer Bewehrung aus vorge-
fertigten Fachwerkträgern
auf (siehe Seite 28 ff).

□ b
Als Höhenausgleich, aber
auch, um Kantenpressungen
und das Volllaufen der Ziegel-
kammern zu vermeiden,
wird ein mind. 2 cm dicker
Mörtelabgleich aufgebracht.

□ c
Auf den Mörtelabgleich
werden die Gitterträger der
Rippen mind. 10 cm tief
aufgelegt und mit einem Ort-
beton-Ringanker zusammen-
gefasst. Die etwa 5 cm dicke
Kerndämmung wird vorzugs-
weise nach dem Betonieren
eingebracht.
  Der einheitliche Putzgrund
aus Ziegeln wird durch einen
gesägten Großblockstein
hergestellt.

□ d
Bei Verwendung unter-
schiedlich breiter Ziegelflachstürze (11,5 und 17,5 cm)
kann die Wärmedämmung
durch Einbringen einer
ca. 8 cm dicken Kerndäm-
mung aus Mineralfaser oder
extrudiertem Polystyrol
erheblich verbessert werden.
In der Fortsetzung der
Dämmebene liegt das
Fenster.

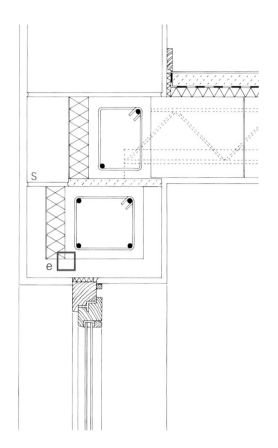

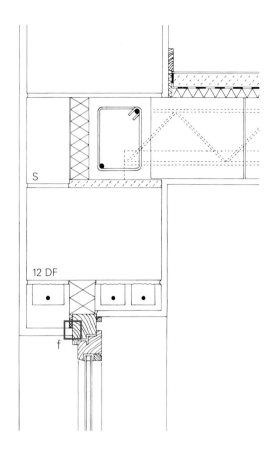

□ e
Leichtziegel-U-Schalen,
mauertief, 23,8 cm hoch und
24 cm lang, dienen als ver-
lorene Schalung und stellen
den einheitlichen Putz-
grund her. Nach Einstellen
der Kerndämmung und
der Bewehrung werden die
U-Schalen ausbetoniert:
Dieser Stahlbetonsturz kann
eine etwa 2,75 m lichte
Öffnung überspannen.

□ f
Mit unterschiedlich hohen
und unterschiedlich breiten
Ziegelflachstürzen können
Stürze mit Anschlag und
Wärmedämmung hergestellt
werden.

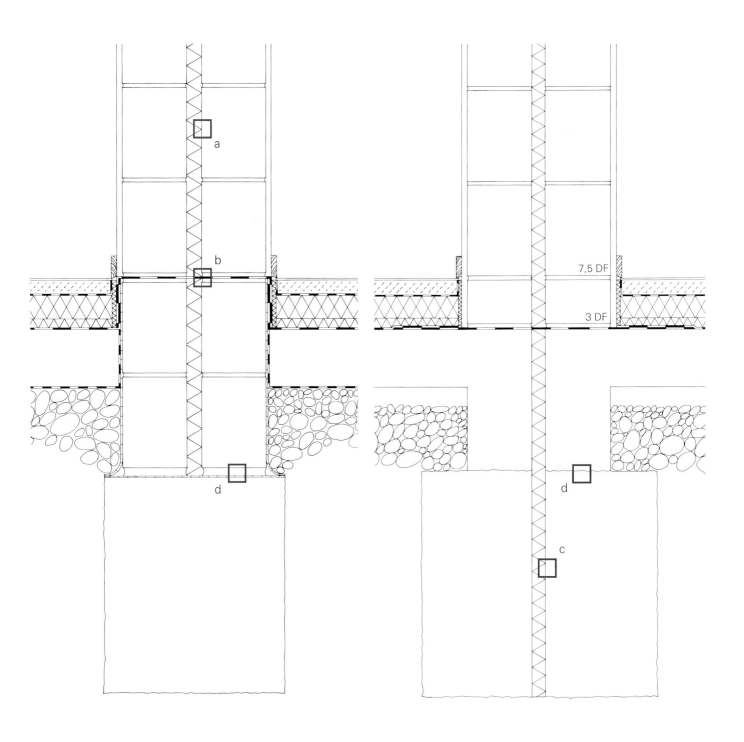

a

b

7,5 DF

3 DF

d

d

c

□ a
Der für Haustrennwände
geforderte Schalldämmwert
(57 dB, DIN 4109) ist mit
einer zweischaligen Wand
aus 2 x 17,5 cm Leichtziegeln,
Rohdichteklasse 0,8, und
mind. 3 cm halbsteifen
Mineralfaserdämmplatten
zu erreichen. Die Platten
werden lose eingestellt und
von den Mauerschalen
gehalten.

Mit Hochlochziegeln der
Lochung B und einer Roh-
dichteklasse > 1,2 kann das
Schallschutzmaß auf 67 dB
(erhöhte Anforderungen
DIN 4109) verbessert und
die Wandkonstruktion als
Brandwand (BayBO) ausge-
wiesen werden.

□ b
Die Durchführung der
waagerechten Feuchtigkeitsabdichtung über die Trennfuge hinweg ist schall-
technisch unbedenklich.
Die Schalen der Trennwand
werden nacheinander auf-
gemauert, um Körperschall-
brücken durch Festteile
und Mörtelreste möglichst
auszuschließen. Die Verwendung einseitig anorganisch
beschichteter Trennfugen-
platten, entwickelt für
zweischalige Betonwände,
hilft Verunreinigungen zu
vermeiden.

□ c
Um den erhöhten Anfor-
derungen zu genügen, muss
die Schalenfuge durch das
Fundament durchgeführt
werden. Die Fundament-
streifen müssen in zwei
Abschnitten betoniert werden. Die Trennfugenplatte
wird an den erstbetonierten
Teil angelehnt und mit der
beschichteten Seite an-
betoniert.

□ d
Die beiden Systeme sind
die Fortführung der Außenwände und Sockel der
Seiten 8 und 12.

□ e
Auf die Einbindung von
aussteifenden Wänden kann
verzichtet und ein stumpfer
Stoß ausgeführt werden,
wenn die zug- und druckfeste
Verbindung durch andere
Maßnahmen (z. B. Einmauern
von Flachankern) gesichert
ist.

□ f
Die Trennfuge, mit elastischem Dämmmaterial gefüllt,
muss bis in die Putzebene
durchgeführt und elastisch
verschlossen werden. Häufig
verwendet werden Einputz-
profile, die mit Putzträgern
auf der Wand befestigt
werden und die Fuge mit
einem gefalteten PVC-Profil
überbrücken.

Dargestellt ist eine Aus-
führung mit zwei flankieren-
den Edelstahlputzprofilen, an
denen der Putz abgezogen
wird. Der Zwischenraum
wird mit einem geschlossenzelligen Schaumstoffprofil
vorgefüllt und nach Vor-
behandlung mit einem dauerelastischen Dichtstoff aus-
gespritzt, die Fuge geglättet.

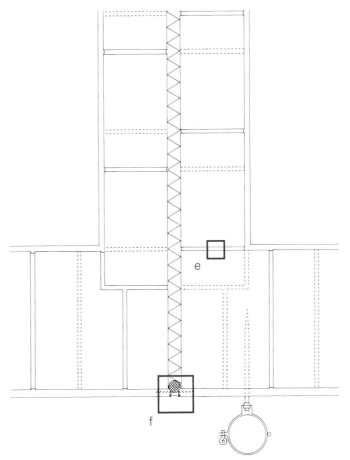

Die Mitte der Kommun-
wand wäre der ideale Ort
für das Regenfallrohr.
Rohrschellen aber können
in der weichen Fuge
schlecht befestigt werden.
Eine Sonderkonstruktion
wäre erforderlich.

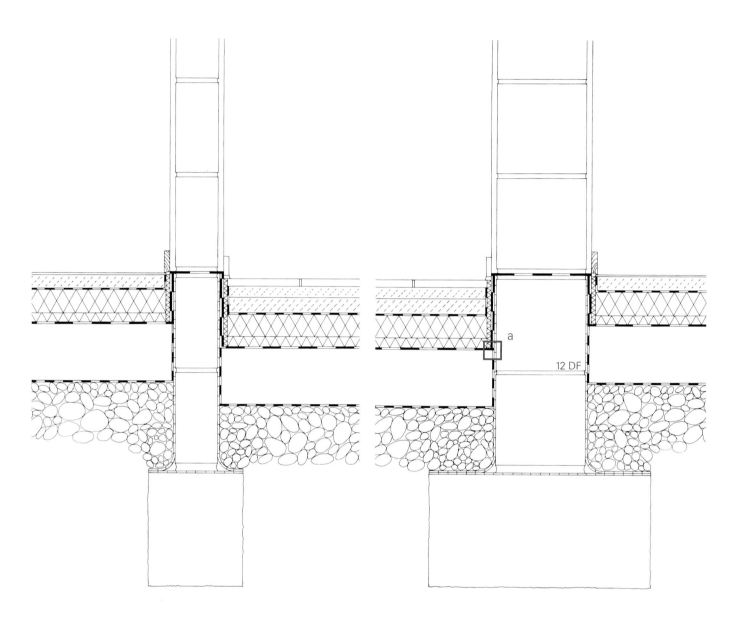

a
12 DF

□ a
Werden Betonbodenplatten
raumweise eingebracht, so
spart dies zwar an Bewehr-
rung und Beton und ermög-
licht sehr unterschiedliche
Fußbodenaufbauten. Das
Risiko der durch unterschiedliche Setzungen beanspruchten und dadurch gefährdeten
waagerechten Feuchtigkeits-
abdichtungen wird jedoch
vermehrt.

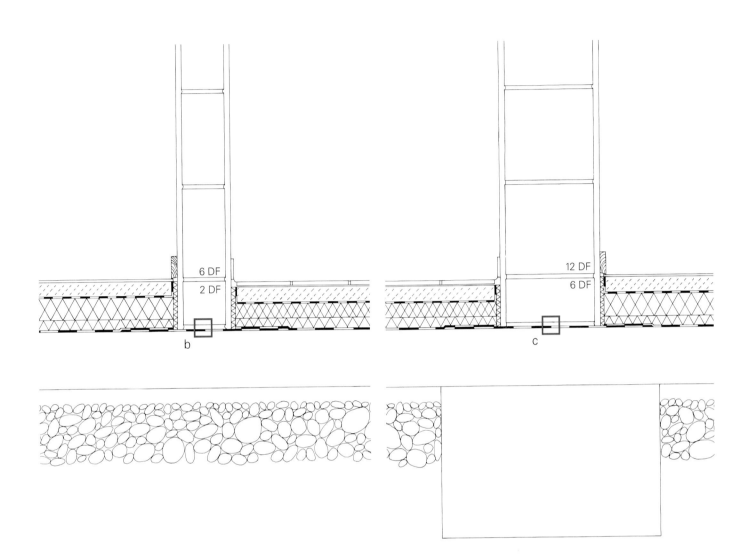

6 DF

2 DF

b

12 DF

6 DF

c

☐ b

Die konstruktiven Vorteile
der durchgehenden Stahl-
betonbodenplatte werden an
den Anschlüssen der Innenwände deutlich:

Nichttragende Innenwände
können von der mit einer
lastverteilenden Bewehrung
versehenen Stahlbetonbodenplatte „getragen" werden.

☐ c

Auch unter tragenden
Innenwänden sind sichere
Anschlüsse der waage-
rechten Feuchtigkeitsab-
dichtung herzustellen.

Das von der Frosttiefe
unabhängige Innenwand-
fundament wird am tiefer
liegenden Außenwand-
fundament mit einem Absatz,
oder, bei geringen Höhen-
differenzen, mit einem etwa
30° (ca. 2:1) geneigten Keil
angeschlossen.

Ziegeldecken sind Balken- bzw. Rippendecken mit statisch nicht mitwirkenden Ziegelhohlkörpern. Die vorgefertigten Rippen erhalten eine Montageabstützung; weitere Schalarbeiten entfallen.

Die als Gitterträger bewehrte Druckzone der Rippen wird mit Ortbeton ausgegossen. Durch unterschiedlich hohe Deckenziegel (zwischen 16 und 25 cm) und durch unterschiedliche Trägerabstände (50 oder 62,5 cm Achsmaß) können Spannweiten von 5–7 m überbrückt werden. Bauseits aufgebrachte Ortbetondruckplatten verbessern Tragfähigkeit und Schalldämmung.

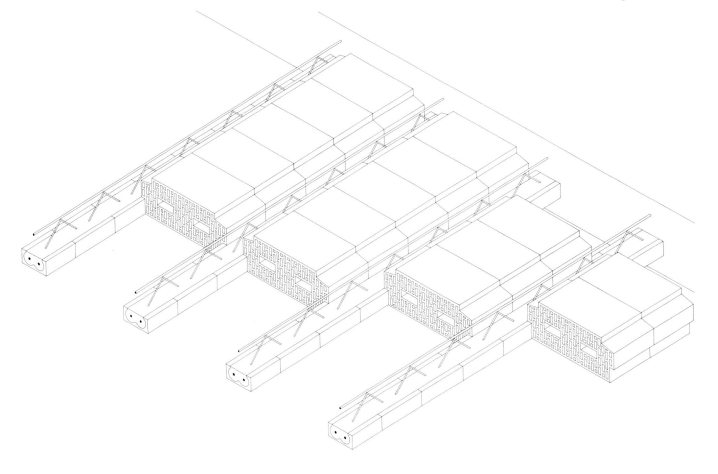

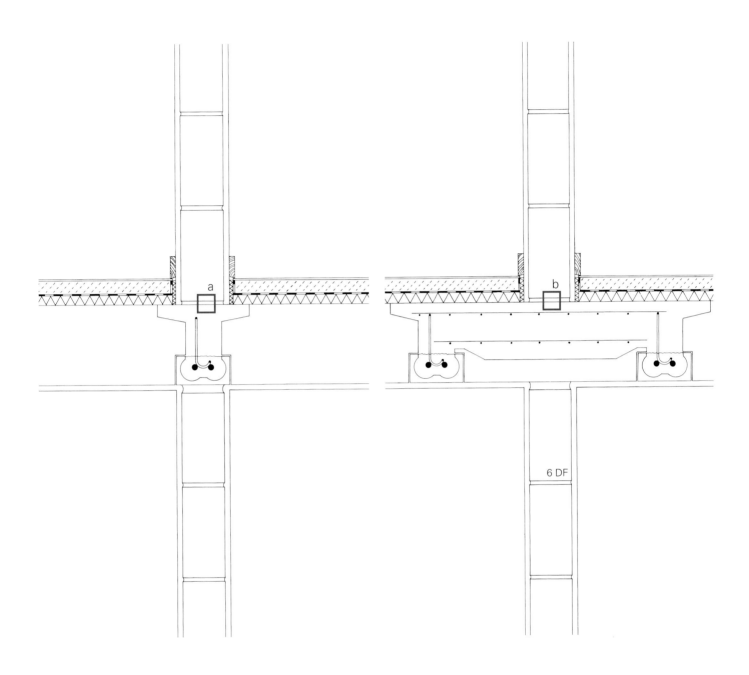

□ a
Hier stimmt die Achse
einer Wand mit der einer
Rippe überein.

□ b
Stimmen die Wände mit den
Rippen nicht überein, ist eine
bewehrte Auswechslung mit
einer Reihe ausbetonierter
„Negativziegel" erforderlich.

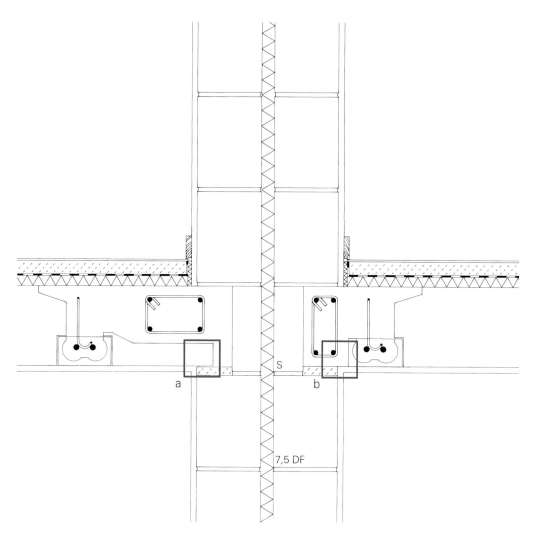

7,5 DF

Wenn die Maße der Ziegeldecke nicht in den Maßen des Rohbaus aufgehen, müssen End- oder Passfelder ausgebildet werden.

□ a
Bei größeren Randabständen werden flache „Negativziegel" eingelegt, der Hohlraum als Ringbalken bewehrt und ausbetoniert. Die hochkant gestellte Aufmauerung sichert die Funktionsfähigkeit der Trennfuge.

Das höchstens 3 cm tiefe Auflager der Deckenziegel wird mit einem etwa 2 cm dicken Mörtelausgleich hergestellt.

□ b
Bei kleinen Randabständen der Fachwerkträger bzw. der Rippen wird der Zwischenraum zwischen Deckenziegeln und Aufmauerung als Ringanker ausgebildet und ausbetoniert.

□ c
Wenn der Ringanker bis an die Trennfuge geführt werden muss, dann wird er in zwei Abschnitten betoniert, die Schalldämmplatte nach dem ersten Betoniervorgang eingebracht und mit einer PE-Folie gegen Verunreinigungen geschützt. Die PE-Folie unter dem Mörtelabgleich verhindert das Eindringen von Zementschlämme in die Trennfuge.

□ d
Durch den Aufbeton werden die Tragfähigkeit für Nutzlasten und leichte Trennwände sowie die Schalldämmung der Ziegeldecke wesentlich verbessert. Für Reihenhäuser könnte – keine hohen Ansprüche an Tritt- und Luftschalldämmung innerhalb derselben Wohnung vorausgesetzt – sogar ein schalldämpfender Teppich genügen.

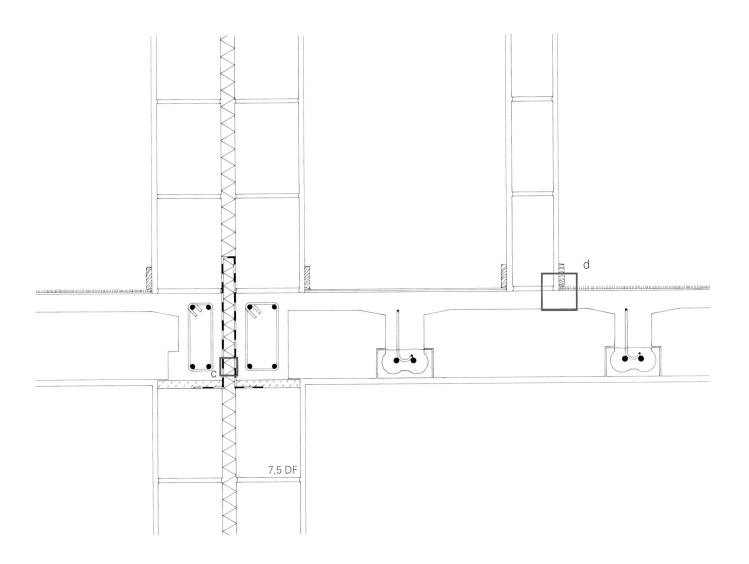

7,5 DF

c

d

Außenwand und nicht ausgebautes Dach
Vertikalschnitt Traufe Pfettendach und Ziegeldecke

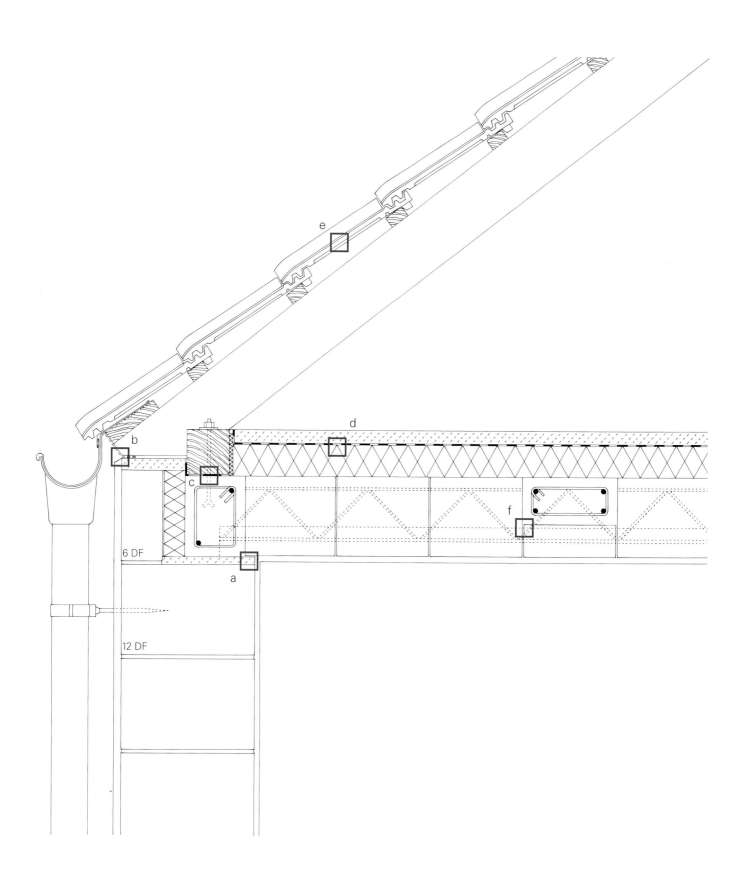

6 DF

12 DF

□ a

Die Deckenziegel werden höchstens 3 cm auf Außenwand bzw. Mörtelausgleich aufgelegt und samt Rippen mit einem Ortbetonringanker zusammengefasst.

□ b

Die Ausbildung eines durchlüfteten „kalten" Dachraums ist baulich einfach herzustellen und bauphysikalisch unproblematisch. Das Dach bildet nur den Schirm über einem beheizten massiven Unterbau. Die oberste Decke kann mit wenig Aufwand mit Wärmedämmung belegt werden. Ihre Konstruktion macht sie winddicht und dank ihres Gewichtes ist sie ein guter Wärmespeicher.

Bei flach geneigten Dächern (unter 10°) erfolgt die Be- und Entlüftung von Traufe zu Traufe (mind. 2 cm netto je lfd. m), gesteuert von Winddruck und Windsog. Bei steileren Dächern ist eine Entlüftung im First oder in dessen Nähe (z. B. 2. Ziegelreihe von oben) notwendig.

Da das Eindringen von Staub und Flugschnee durch die Fugen der Dachdeckung nicht verhindert werden kann, ist die Nutzung des Dachraums eingeschränkt.

□ c

Die Fußpfette wird mit dem Ringanker mit Steinschrauben verbunden. Die Steinschrauben werden in entsprechende Aussparungen eingesetzt und nach dem Ausrichten der Pfette ausbetoniert.

□ d

Die auf der Ziegeldecke aufgelegte Wärmedämmung wird mit einem Estrich abgedeckt, der am Rand und alle 25 – 40 m² abgefugt wird. Der Estrich dient als Nutzbelag, verhindert Schäden durch eingedrungene Feuchte und dient dem vorbeugenden Brandschutz.

□ e

Bei der Verwendung von gefalzten Dachziegeln muss die Sparrenlänge nach der Decklänge des gewählten Dachziegelmodells überprüft werden.

□ f

Die aussteifende Querrippe wird mit „Negativziegeln" geschalt.

□ g

Giebelwände müssen, wenn sie nicht durch Pfeilervorlagen oder Querwände gehalten sind, an der Dachkonstruktion befestigt werden (DIN 1053), z.B. mit verzinktem Flachstahl oder korrosionsgeschützten Steinschrauben. Dabei ist auf ein kraftschlüssigen Verbund zwischen Randsparren und Giebelmauerwerk zu achten.

□ h

Nach dem Aufstellen der Sparren wird die Mauerkrone mit einem Estrich fluchtgerecht hergestellt. Sie wird durch eine Verwahrung mit z.B. vollflächig verklebter Bitumendachbahn V 13 abgedeckt. Die 10 – 15 mm hohe Konterlatte aus Sperrholz AW 100 verhindert Stauwasser an den Dachlatten. Voraussetzung von Ortgangziegeln ist, dass die Deckbreite mit den Baumaßen übereinstimmt.

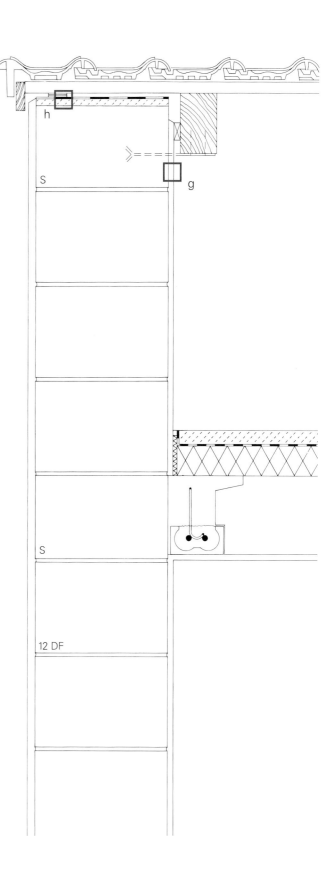

Außenwand und nicht ausgebautes Dach
Vertikalschnitt Traufe Pfettendach und Ziegeldecke

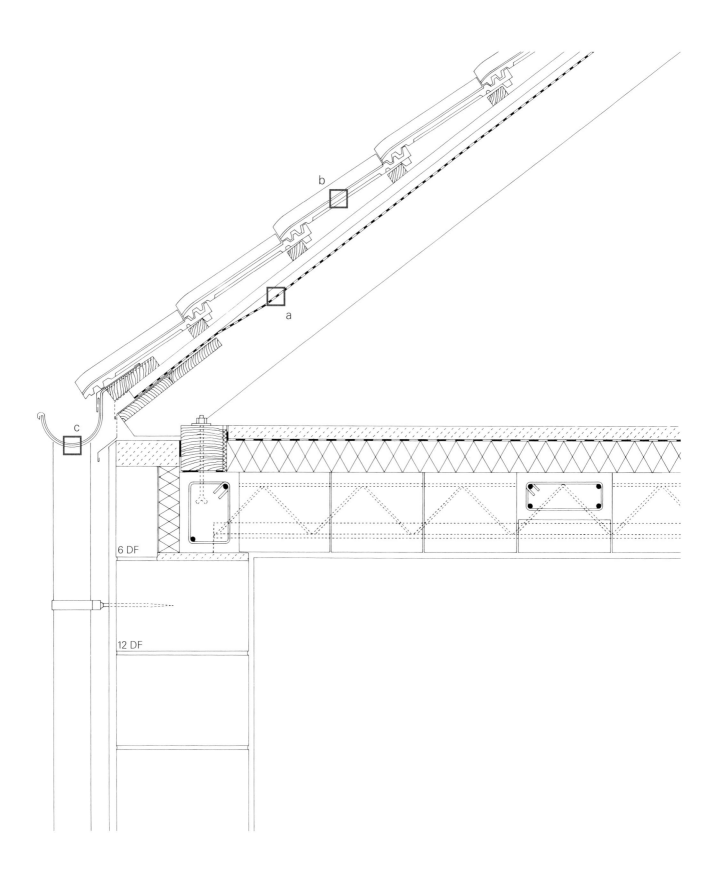

34

□ a
Die Unterspannbahn ist eine temperaturbeständige, wasserabweisende, aber dampfdurchlässige Folie, z.B. aus gitterverstärktem Polyäthylen. Sie hält Staub, Regen und Flugschnee ab. Sie muss gespannt, mit Konterlatten gesichert und an der Traufe entwässert werden. Im Idealfall erfolgt dies in die tief angesetzte Rinne (siehe Seite 36 d).

□ b
Wie auf Seite 32 sind auch hier Flachdachpfannen verwendet. Für die in unserem Beispiel gewählte Dachneigung mit ca 37° stehen nahezu alle Dachziegelarten zur Verfügung: Biberschwanzziegel in Doppel- oder Kronendeckung, Hohlpfannen, Muldenfalz- oder Doppelmuldenfalzziegel bis hin zu den immer genauer gefalzten Dachpfannen oder Krempziegeln.

□ c
Nach der Größe der zu entwässernden Dachgrundfläche werden die Querschnitte von Rinne und Fallrohr festgelegt. Das Gefälle der Rinne – mind. 1 mm/m – wird durch Abkantung der Rinnenhalter hergestellt.

□ d
Die Unterspannbahn wird über die Mauerkrone weitergeführt und dort verklebt. Die schwache Konterlattung verhindert, dass sich an den Dachlatten Wasser stauen kann.

□ e
Der Ortgang aus einem zweiteiligen abgekanteten Blech wird z.B. dann angewandt, wenn die Deckbreite der Falzziegel nicht in den Baumaßen aufgeht und Zuschnitte notwendig werden.

□ f
Der gemauerte Giebel muss mit eingemauerten Steinschrauben mit der Dachkonstruktion verbunden werden, die dann in der Dachebene auszusteifen ist.

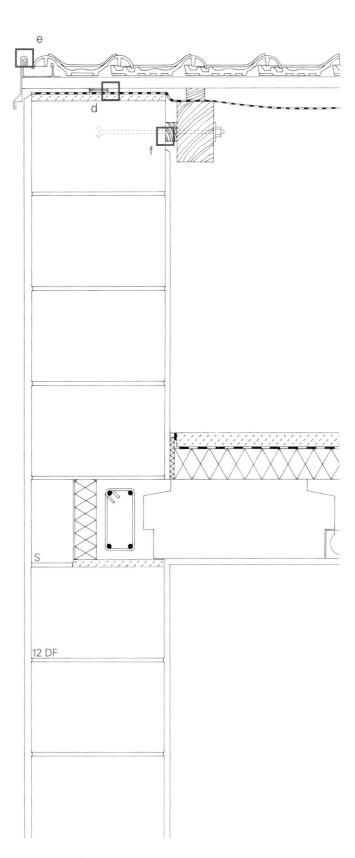

Außenwand und nicht ausgebautes Dach
Vertikalschnitt Traufe Pfettendach und Holzbalkendecke

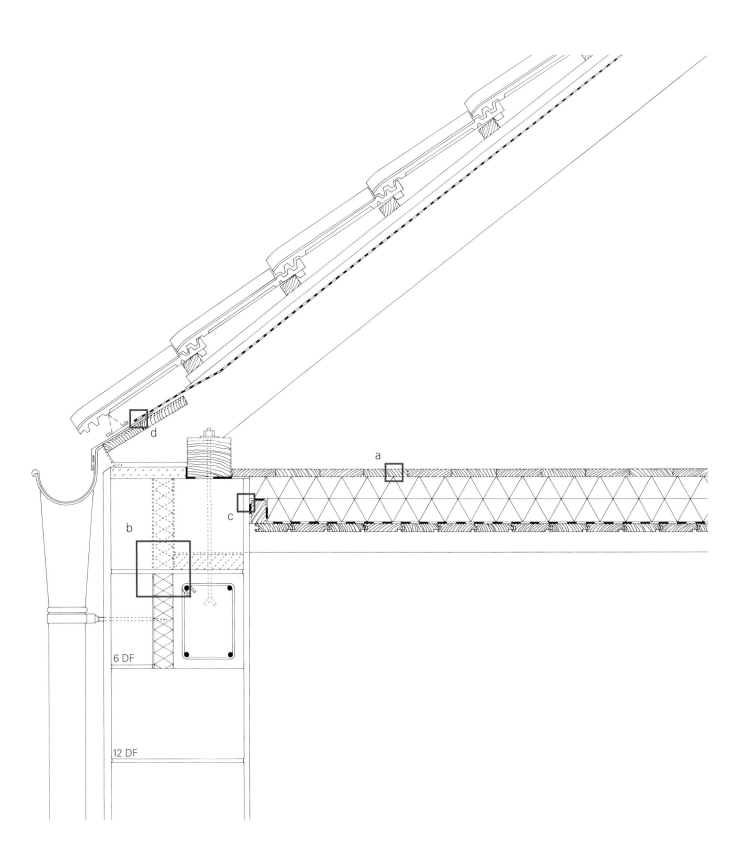

a

b

c

d

6 DF

12 DF

☐ a
Die Holzbalkendecke über dem Obergeschoss stellt einen kostengünstigen und im Selbstbau einfach herzustellenden Abschluss dar: Die Wärmedämmung ist mit Schüttungen einfach und in nahezu beliebiger Höhe herzustellen. Die schlechte Wärmespeicherung kann durch schwere Schüttungen oder durch Einlegen von 5–7 cm dicken Vollziegeln unter der Schüttung verbessert werden.

☐ b
Zur Erreichung der räumlichen Steifigkeit müssen alle tragenden und aussteifenden Wände mit den Decken kraftschlüssig verbunden werden. Wenn Ringanker vorgesehen sind, können die Wände als vierseitig gehalten angesehen werden; die Deckenbalken sind dann nur lagemäßig zu sichern. Um die in den tauwassergefährdeten Bereich hineinragenden Balkenköpfe zu schützen, sind die Mauertaschen mindestens stirnseitig, besser allseitig mit einer feuchtigkeitsunempfindlichen Wärmedämmung auszukleiden.

☐ c
Der Wandanschluss der winddicht anzuschließenden 0,2 mm starken PE-Folie wird durch Ankleben und Anklammern auf einer mit einem vorkomprimierten Dichtungsband an der Wand angepressten Leiste erreicht. Am sichersten sind Anschlüsse, bei denen die PE-Folie um eine Leiste geschlagen und mit dieser an die Wand gedübelt wird.

☐ d
Die Unterspannbahn wird auf dem Scharblech angeklebt. Das V-förmig gekantete Lochblech sorgt für die Unterlüftung der Ziegel.

☐ e
Selbst wenn die Putzarbeiten vor dem Verlegen der Deckenbalken ausgeführt wurden, müssen die Unebenheiten der Wand und des Randbalkens mit einem anpassungsfähigen „System" ausgeglichen, die Fuge winddicht abgeschlossen werden.
Dies kann mit angenagelter Leiste und vorkomprimiertem Dichtungsband erfolgen. Der Hohlraum zwischen Balken und Wand wird satt mit loser Mineralfaser ausgestopft.
Nach dem Füllen der Deckenbalkengefache mit der Dämmschüttung wird die Schalung aufgenagelt. Die für die Bewegung der Schalung notwendigen Randfugen können mit einer Deckleiste abgedeckt werden.

☐ f
Die Giebelwand ist mit der Dachkonstruktion kraftschlüssig zu verbinden.

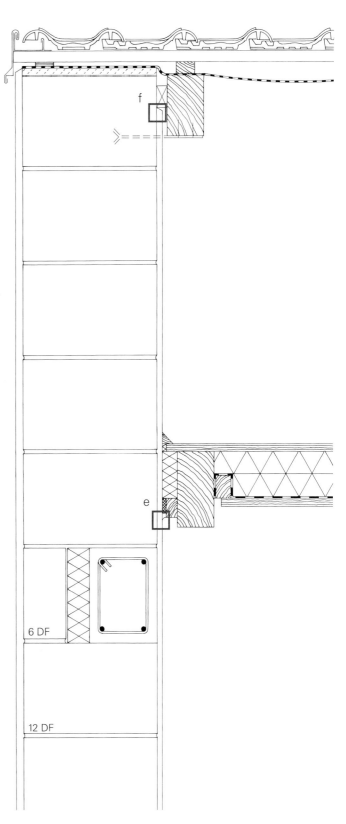

6 DF

12 DF

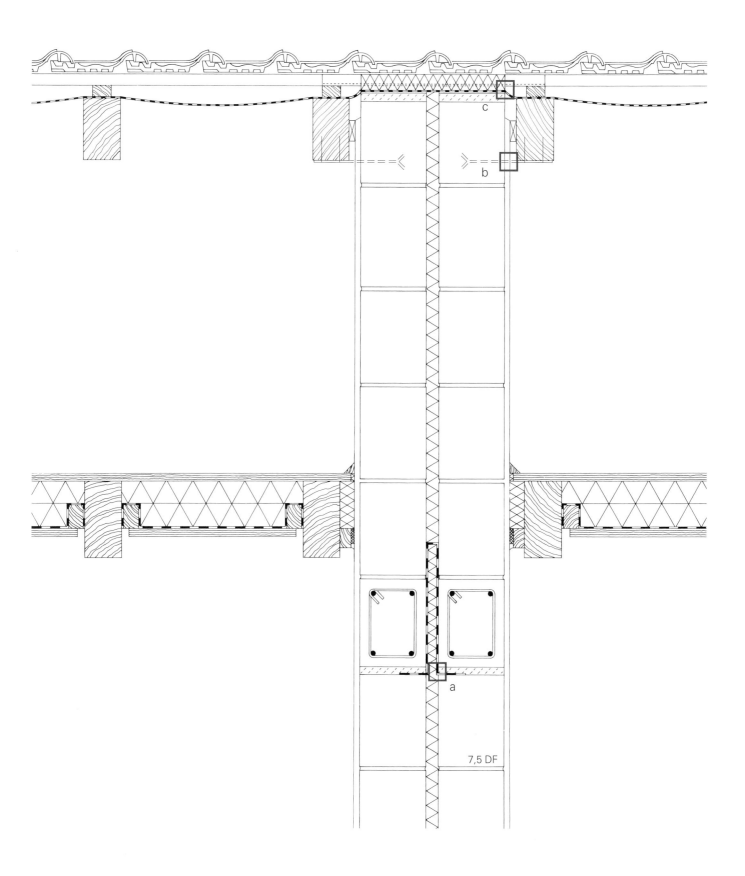

c

b

7,5 DF

a

□ a

Liegen die Deckenbalken
in Wandrichtung, so müssen
die schlanken und hohen
Haustrennwände durch Ringanker gehalten werden,
wenn sie nicht an das
ausgesteifte Dachtragwerk
angeschlossen werden.

□ b

Die freien Mauerkronen werden mit dem ausgesteiften
Dachtragwerk kraftschlüssig
verbunden. Selbst im nicht
ausgebauten Dachraum
muss die Trennfuge konse-
quent durchgeführt werden.

□ c

Die von Konterlatten gehaltene Unterspannbahn –
gespannt, aber durch Tem-
peraturänderungen und
Materialdehnungen leicht
durchhängend – wird auf
dem Mörtelabgleich aufge-
klebt.

□ d

Der Ersatz der Dachlatten
durch verzinkte Stahlwinkel
ist angeraten. Ein Abstand
von 1 – 2 cm der Winkel zur
Mauerkrone ermöglicht
ungehinderte Verformungen
des Dachstuhls. Der Zwi-
schenraum zwischen den
Winkeln ist mit einer nicht
brennbaren, raumbeständi-
gen Wärmedämmung aus-
zufüllen. Soll der Dachraum
später ausgebaut werden,
muss die Trennfuge bis
zur Dachhaut durchgeführt,
die Dachlatten müssen
geteilt werden.

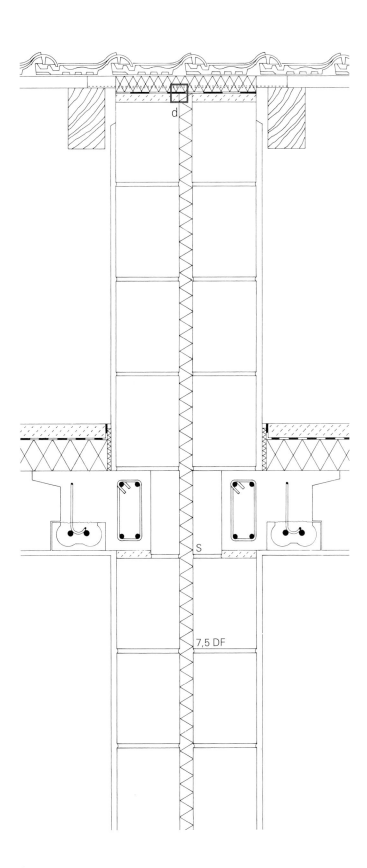

Haus B

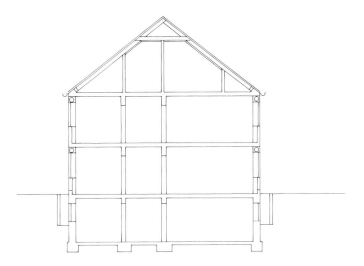

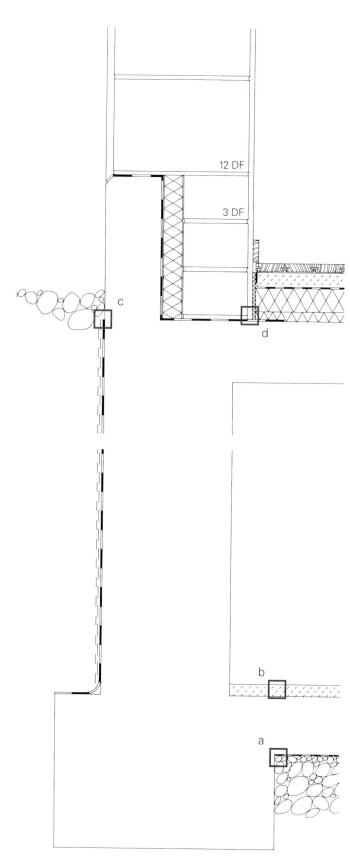

□ a

Der obere und bewehrte Teil des Streifenfundamentes wird in einem Zug mit der Stahlbetonbodenplatte eingebracht und außenseitig abgeschalt. Die Dicke der Stahlbetonbodenplatte wird nach den aufgebrachten Lasten von Zwischenwänden dimensioniert, beträgt aber wegen der erforderlichen Betondeckung der Bewehrung mind. 12 cm.

□ b

Auf eine Feuchtigkeitsabdichtung unter dem Estrich kann verzichtet werden, wenn ein schnell dränender Untergrund vorhanden ist und weder ein hochwertiger Bodenbelag, noch Trittschall- oder Wärmedämmung benötigt werden. Eine kapillarbrechende Schüttung ist bei Verzicht auf die Feuchtigkeitsabdichtung erforderlich. Für einfache Kellerräume genügt als Nutzbelag ein etwa 3 cm dicker Zement-Verbundestrich.

□ c

Kellerwände aus Normalbeton müssen – auch wenn sie bewehrt sind – auf der erdberührten Seite abgedichtet werden. Die Art der Abdichtung wird nach der von außen zu erwartenden Feuchtigkeitsbeanspruchung bemessen. Die Zuordnung der Abdichtungsarten nach Wasserbeanspruchung und Bodenart ist der Tabelle 1 DIN 18195 T1 zu entnehmen. Mit Bodenfeuchtigkeit, d. h. mit im Boden vorhandenem Wasser, ist immer zu rechnen.

Bei bindigen Böden und/ oder Hanganlagen ist darüber hinaus immer Andrang von Wasser in tropfbar-flüssiger Form anzunehmen: Die Abdichtung gegen nichtdrückendes Wasser muss unterstützt werden durch eine Dränage, die das Entstehen von kurzzeitig drückendem Wasser verhindert (siehe Seite 48 und 52).

Für Beanspruchungen durch von außen drückendes Wasser sind besondere Maßnahmen erforderlich.

Für mäßige Beanspruchung kann die Abdichtung des Normalbetons der Kelleraußenwand auf verschiedene Weise erfolgen: z. B. mit einer Lage Bitumendichtungsbahn, Bitumenschweißbahn jeweils mit Gewebeeinlage und 10 cm überdeckten Stößen auf Voranstrich; mit mehrlagigen bituminösen Beschichtungen; mit zwei Lagen einer bauaufsichtlich zugelassenen mineralischen Dichtungsschlämme. Während bei den Bahnen der sorgsame Schutz beim Verfüllen und die Abdichtung des oberen „freien" Endes zu beachten sind, kann die mineralische Schlämme aufgrund der ihr eigenen Sprödigkeit keine Risse überbrücken.

□ d

Die Wärmedämmung gegenüber dem kalten Keller wird hier im Bodenaufbau untergebracht. Dies ist bei hohen Punktbelastungen bei der Auswahl des Dämmstoffes zu berücksichtigen. Die Trittschalldämmung liegt darunter und ergibt zusammen mit dem lückenlos umlaufenden Randstreifen den „schwimmenden" Belag. Als Folge sind Oberböden konsequent abzutrennen; die Durchführung des Randdämmstreifens bis OK Oberboden ist vorteilhaft.

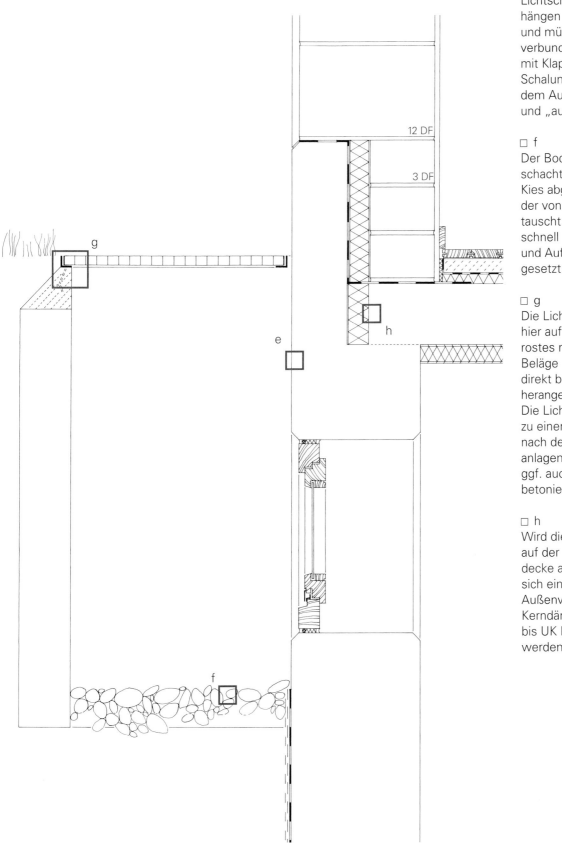

12 DF

3 DF

□ e
Lichtschächte aus Ortbeton
hängen an der Kellerwand
und müssen mit dieser
verbunden werden; etwa
mit Klappbügeln, die in die
Schalung eingelegt, nach
dem Ausschalen freigelegt
und „aufgeklappt" werden.

□ f
Der Boden des Licht-
schachtes kann mit grobem
Kies abgedeckt werden,
der von Zeit zu Zeit ausge-
tauscht werden muss –
schnell dränender Boden
und Auffüllung voraus-
gesetzt.

□ g
Die Lichtschachtkrone ist
hier auf das Maß des Gitter-
rostes reduziert, sodass
Beläge und Rasenflächen
direkt bis an den Rahmen
herangeführt werden können.
Die Lichtschachtkrone wird
zu einem späteren Zeitpunkt
nach den Höhen der Außen-
anlagen und Außentüren
ggf. auch im Gefälle auf-
betoniert.

□ h
Wird die Wärmedämmung
auf der Unterseite der Kellerdecke aufgebracht, so ergibt
sich eine Wärmebrücke zur
Außenwand, die durch eine
Kerndämmung – mindestens
bis UK Decke – reduziert
werden kann.

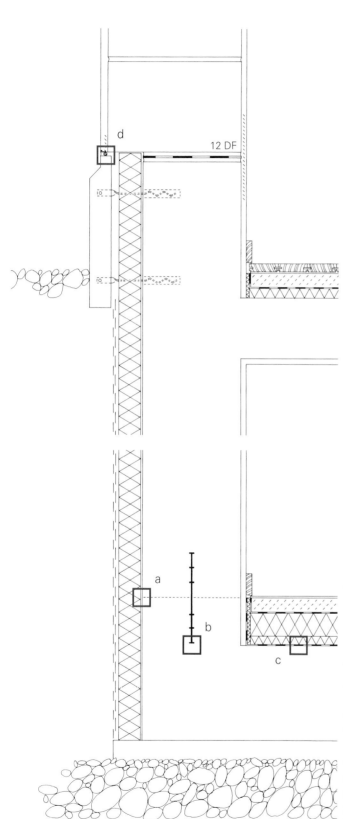

□ a
Die Abdichtung der Kellerwand kann auch mit wasser-
undurchlässigem Beton er-
folgen. Dieser WU-Beton,
früher Sperrbeton, ist mind.
ein Beton C 25/30 mit be-
grenzter Wassereindringtiefe
(max. 50 mm); Wasserze-
mentwert und Sieblinien sind
einzuhalten; eine rissesi-
chernde Bewehrung ist einzulegen; sorgfältige Verdich-
tung und Nachbehandlung
sind erforderlich. Die Mindestdicke ist nicht vorgeschrieben; sie sollte etwa
25 cm nicht unterschreiten.

Außendämmungen von
erdberührten Bauteilen, sog.
Perimeterdämmungen, wer-
den aus geschlossenzelligen
extrudierten Polystyrolschäu-
men oder aus Schaumglas
hergestellt, die keine oder
nur geringe Feuchtigkeit aufnehmen und punktweise
z. B. mit Haftzement auf der
abgedichteten Kellerwand
aufgebracht werden.

Der Schutz gegen mecha-
nische Beschädigung beim
Verfüllen durch Bitumenwellplatten oder Noppenbahnen
ist erforderlich.

□ b
Die Gründung von kleinen
Häusern wird oft und verein-
fachend mit einer tragenden
Bodenplatte als Plattengründung vorgenommen, die be-
rechnet und bewehrt werden
muss. Unter hochbelasteten
Teilen – z. B. unter Einzel-
stützen, Mitteltragwänden mit
größeren Öffnungen – kann
eine Verstärkung erforderlich
werden.

Wird die Plattengründung
wie die Außenwand aus was-
serundurchlässigem Beton
ausgeführt, so ist die Fuge
zwischen den beiden Bauteilen mit einem Arbeitsfugen-
band aus Kunststoff oder
einem Fugenblech abzu-
dichten.

□ c
Der ausgebaute „warme"
Keller erfordert einen feuch-
tigkeitsgeschützten, schall-
und wärmegedämmten Fuß-
bodenaufbau mit schwim-
mendem Estrich. Um einer
Durchfeuchtung der Tritt-
schalldämmung durch Bau-
feuchte aus der Bodenplatte
vorzubeugen, ist eine Trennlage z. B. aus PE-Folie vorzusehen.

□ d
Der durch Spritzwasser und
mechanische Beschädigun-
gen gefährdete Übergang
zwischen Kellerwand und
Außenwand – der Sockel –
wird durch Betonfertigteile
oder Natursteinplatten geschützt, die durch einbetonierte Traganker gehalten
werden. Der Außenputz wird
an einem Eckprofil abgezogen, die Fuge zum Sockel
mit einer dauerelastischen
Dichtstofffuge geschlossen.
Das Außenmauerwerk kragt
etwa 9–10 cm aus; die aus-
kragende Lochung sollte
zugestrichen werden. Der
Innenputz sollte am Material-
übergang durch ein Gitter-
gewebe bewehrt werden.

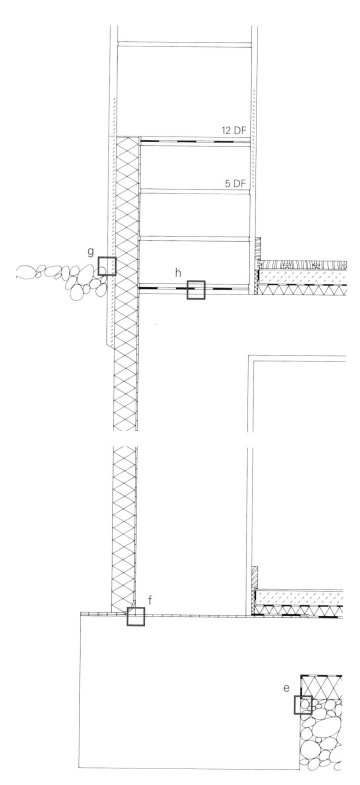

□ e
Perimeterdämmungen unter der Stahlbetonbodenplatte werden auf Filterkies oder Sauberkeitsschicht verlegt und mit einer Trennlage abgedeckt. Darauf wird die Bodenplatte betoniert. Eine Abdeckung mit Magerbeton ist ratsam.

Die Wärmebrücken an den Streifenfundamenten der Außenwände und der Tragwände gehen mit geringen Wärmeverlusten in die Berechnung des Wärmebedarfes ein.

□ f
Die mineralische Dichtungsschlämme wird unter der Außenwand durchgeführt und mit der flexiblen Dichtungsschlämme der Kelleraußenwand zusammengeschlossen.

□ g
Unter Baufachleuten umstritten ist die Ausführung eines geputzten Sockels auf den zuvor sorgfältig befestigten Platten der Perimeterdämmung. Der wasserundurchlässige Außensockelputz wird mindestens zweilagig auf Spritzbewurf und verzinktem Putzträger aufgebracht und ggf. zusätzlich durch eine Putzbewehrung gesichert.

Es ist fraglich, ob für diese Konstruktion die normale Putzdicke von 20 mm ausreicht. Der in den Boden eindringende Sockelputz muss vor dauerhafter Durchfeuchtung geschützt werden.

□ h
Die DIN 18195 Teil 4 fordert mindestens eine waagerechte Abdichtung in den Innen- und Außenwänden.

Die Anzahl der waagerechten Abdichtungen liegt im planerischen Ermessen.

Die Feuchtigkeitsabdichtung unter dem aufgehenden Mauerwerk stellt eine Vorsichtsmaßnahme dar, die Durchfeuchtungen aus dem Beton verhindern soll.

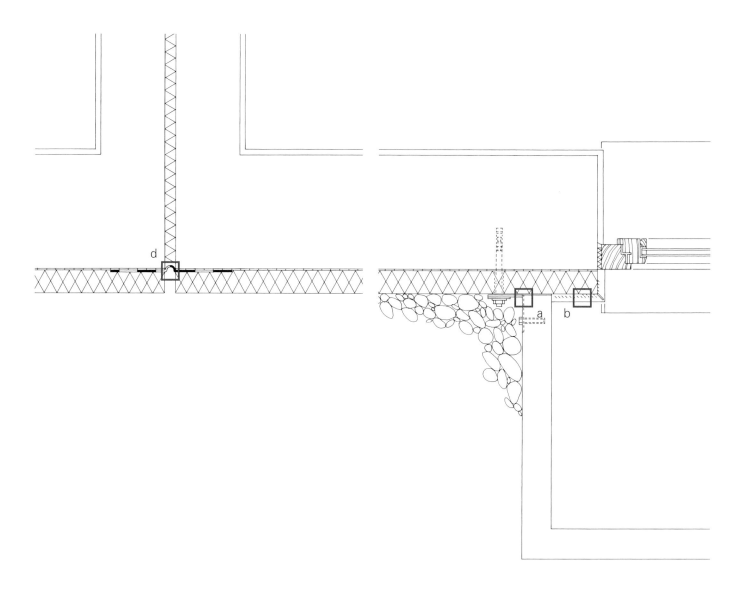

□ a

Die Anbringung eines Lichtschachtes auf einer Wand
mit Perimeterdämmung ist
nicht unproblematisch, da die
Dämmung nicht oder nur
geringfügig durchbrochen
werden darf. Daher erfolgt
die Befestigung punktförmig
mit bauaufsichtlich zuge-
lassenen Schwerlastdübeln
und Distanzhülsen. Die
Randabstände der Dübel zur
Fensteröffnung sind zu
beachten.

□ b

Zum anderen bereitet die
„Wandoberfläche" Proble-
me: Der Sockelputz kann
zwar zusammen mit dem
Putzträger in den Licht-
schacht heruntergeführt werden, die kleinflächigen Putzarbeiten jedoch erschweren
die Ausführung. Die Fläche
kann vor Montage des Licht-
schachts verputzt werden.

□ c

Auf Anforderung kann bei
einigen Herstellern der Falz
der Lichtschachtkrone nach
außen verlegt werden:
Das gibt einen unauffälligen
Rand im Gelände.

□ d

Die Gebäudetrennfuge ist
im Erdreich mit Bahnen
abzudichten; die Schlaufe
kann kleine Bewegungen
aufnehmen. Die Gebäude-
trennfuge muss im Sockel-
bereich durchgeführt
werden.

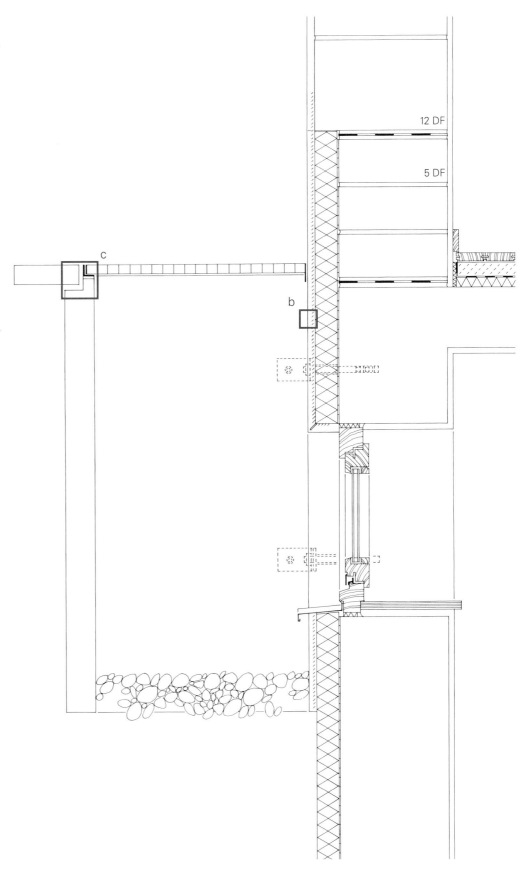

Kelleraußenwand mit Kerndämmung
Vertikalschnitt betonierter Sockel

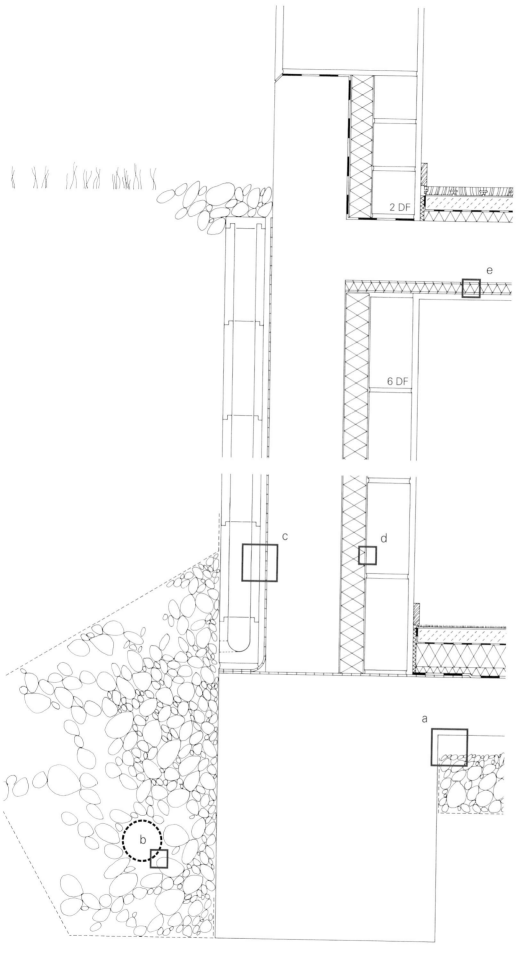

□ a

Das bewehrte Streifenfundament ist zweiseitig geschalt. Die kapillarbrechende Schicht wird als zusätzliche Sicherheit eingebracht, verdichtet, mit einer Sauberkeitsschicht aus C8/10 versehen und mit der Stahlbetonbodenplatte abgedeckt. Dies ist eine gute Basis für das Arbeiten in schwierigem, z. B. lehmigem Baugrund in regnerischen Monaten.

Bei Hanglagen oder bindigen Böden ist eine Ringdränage notwendig.

□ b

Die Ringdränage wird mit Rohren von mind. 100 mm NW und mit einem Gefälle von 0,5 %, besser 1 %, im Kiesbett verlegt und mit einem Filtervlies umhüllt, um feinste Bodenteile abzuhalten. Dränrohr und Kiespackung dürfen nicht tiefer als die Fundamentsohle liegen, um eine Unterspülung zu vermeiden. Ein Abstand von mind. 20 cm zwischen OK Rohdecke und Sohle des Dränrohrs ist vorgeschrieben.

□ c

Die aufgemauerten Betondränsteine schützen die Feuchtigkeitsabdichtung vor mechanischen Beschädigungen und sorgen für die Ableitung des Wassers vor der Außenwand.

□ d
Die Ausführung mit feuchtigkeitsunempfindlicher Kerndämmung – z. B. Polystyrolplatten, Mineralfaser-Kerndämmplatten – mit innenseitiger Vorblendung sorgt für Wärmedämmung und guten Feuchtigkeitshaushalt in den beheizten Kellerräumen. Auf eine Dampfsperre auf der Innenseite der Wärmedämmung kann in der Regel verzichtet werden.

□ e
Die Wärmedämmung auf der Unterseite der Kellerdecke ist in diesem Fall notwendig, um die Wärmebrücke durch die einbindende Stahlbetondecke zu vermindern.

□ f
Will man aufwändige und schwierige Anschlüsse vermeiden, so kann die Abdichtung der vorspringenden Kellerumfassung mit einem dichten, gitterbewehrten Estrich erfolgen. Eine derartige Ausführung setzt eine wettergeschützte und möglichst überdachte Situation voraus.

□ g
Der Lichtschachtboden entwässert über einen durchgehenden Schlitz nach außen in das schnell dränende Auffüllmaterial.

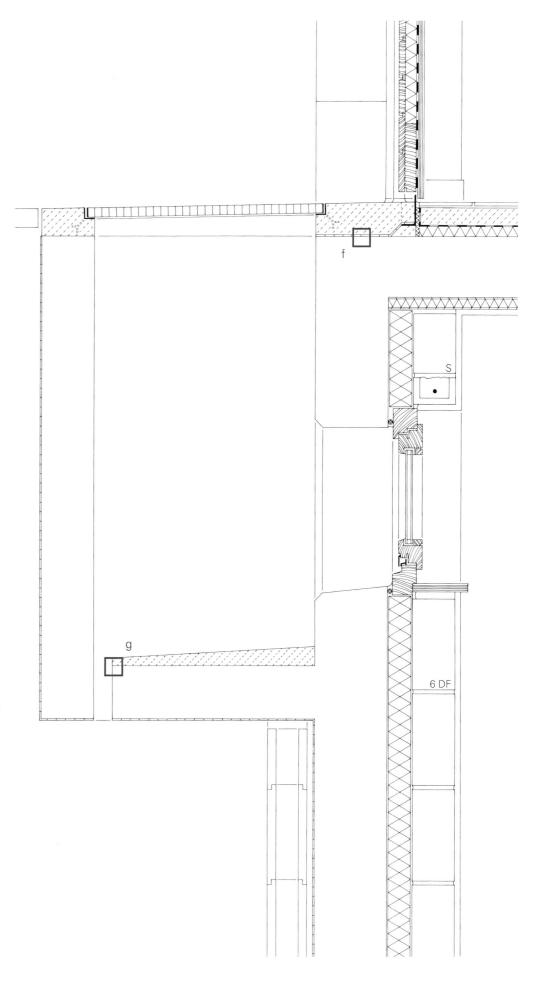

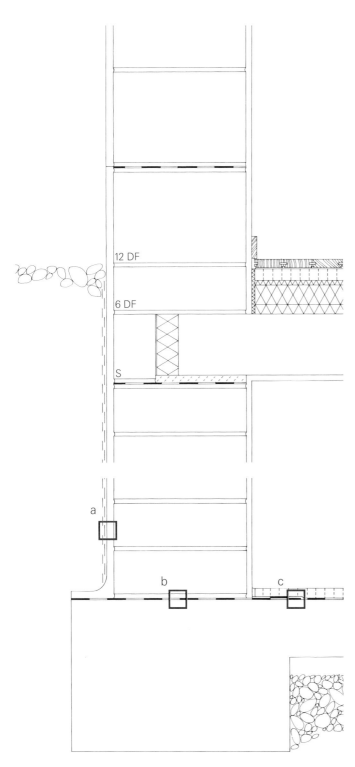

□ a
Umfassungen von nicht be-
heizten Kellern werden aus
Hochlochziegeln z. B. HLz
12-1,2-6 DF gemauert, die
eine größere Druckfestigkeit,
vor allem aber eine größere
Rohdichte haben.

Da gemauerte Keller-
wände gegen Erddruck erst
dann gesichert sind, wenn
die Auflast durch das aufge-
führte Haus vorhanden ist,
kann die Verfüllung erst spät,
z. B. nach Beendigung des
Rohbaus, erfolgen.

Die Feuchtigkeitsabdich-
tung wird durch einen
„Sperrputz" hergestellt,
einem wasserabweisenden
Kellerwandaußenputz P III.
Da der Sperrputz relativ auf-
wändig herzustellen ist,
zudem aber starr und daher
rissegefährdet ist, kann auch
mit verputzbaren flexiblen
Dichtschlämmen gearbeitet
werden.

Dränplatten, z. B. Well- oder
Noppenplatten, schützen vor
mechanischer Beschädigung
beim Verfüllen.

□ b
Gegen aufsteigende Feuchte
muss eine Lage Bitumen-
dachbahn R 500, besser eine
Dichtungsbahn CU 0,1 D
(DIN 18195), auf das Streifenfundament aufgelegt und
mit der Abdichtung der Stahlbetonbodenplatte verklebt
werden. Besonders sorgfältig
ist die Fuge zum überstehen-
den Streifenfundament
auszubilden: Ein Anschluss
mit Kehle und Gefälle ist
angeraten. Die waagerechte
Abdichtung unter den Wän-
den sollte mit der Abdichtung
der Bodenplatte zusammen-
geschlossen werden, um
eine einwandfreie und
kontrollierte waagerechte
Dichtungsebene herzustellen.

□ c
Der auf eine spezielle Bitumenschweißbahn aufge-
brachte 25 mm dicke Hart-
gussasphaltestrich, mit Glätt-
masse oberflächenfertig
vergütet, genügt einfachen
Anforderungen an Wärme-
und Trittschalldämmung.

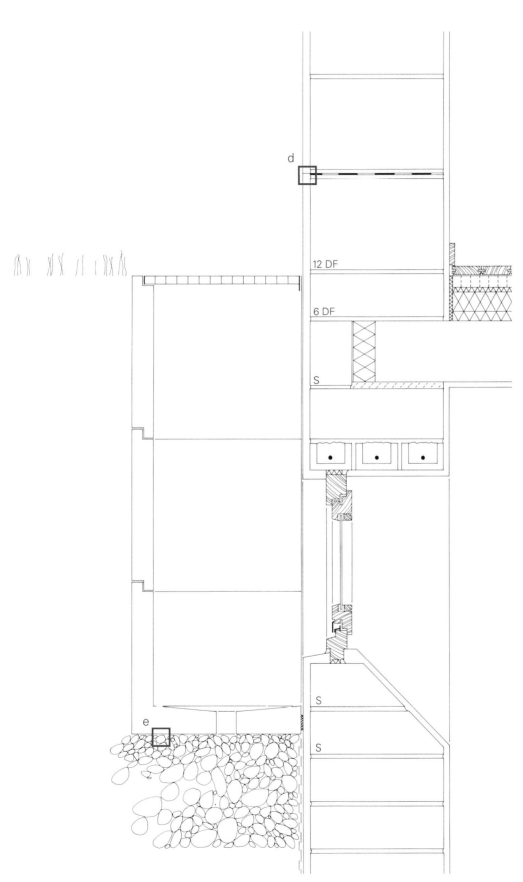

□ d
Der Kellerwandaußenputz
wird als Außensockelputz in
gleicher Zusammensetzung
und Dicke bis auf Sockel-
höhe geführt und bündig mit
Kellenschnitt an den Außenwandputz des aufgehenden
Mauerwerks angeschlossen.
Ein schräges Hinterschnei-
den ist zu empfehlen.

□ e
Der Lichtschacht wird vom
Haus unabhängig aus Fertig-
teilen auf der Auffüllung
aufgemauert. Diese Ausführung umgeht aufwändige
Verankerungen im Mauer-
werk, setzt aber voraus,
dass die Auffüllung aus sauberem verdichtungsfähigen
Material besteht. Die Ver-
dichtung muss ebenso sorgfältig wie vorsichtig vorgenommen werden, damit Set-
zungen des freistehenden
Lichtschachtes reduziert und
Schäden am Mauerwerk
vermieden werden.

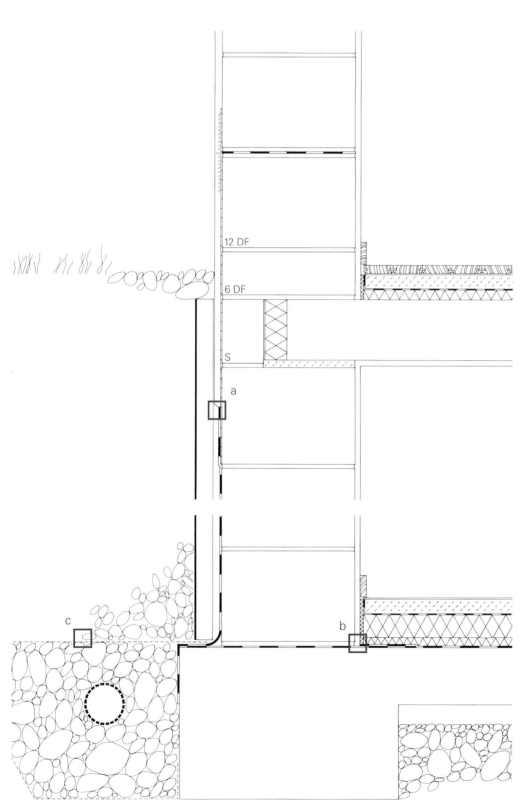

12 DF

6 DF

S

a

c

b

□ a
Kellerwände aus großformatigen Leichtziegeln bieten für beheizte Kellerräume den erforderlichen Wärmeschutz und alle Voraussetzungen für ein behagliches Raumklima.

Zuvor muss noch geprüft werden, ob Wanddicke und Auflast in der Lage sind, den nach der Auffüllhöhe zu berechnenden Erddruck aufzunehmen.

Die Abdichtung der Wand wird mit einer elastischen Beschichtung z. B. aus bituminösem Material hergestellt, die im Bereich des verputzten Sockels mit einer flexiblen Dichtschlämme weitergeführt wird. Dränplatten sorgen für den Schutz der Abdichtung.

□ b
Die Abdichtung der Bodenplatte zum Schutz gegen im Boden vorhandenes, kapillar gebundenes oder durch Kapillarkräfte bewegtes Wasser (Saugwasser, Haftwasser, Kapillarwasser) sollte mit der Abdichtung unter der Mauerwerkswand (Schutz gegen kapillare Feuchte) wie auch mit der Außenabdichtung sicher verklebt werden.

□ c
Die Ringdränage wird in einem Kiesbett verlegt und allseitig mit einem Filtervlies vor dem Eindringen von Feinteilen geschützt.

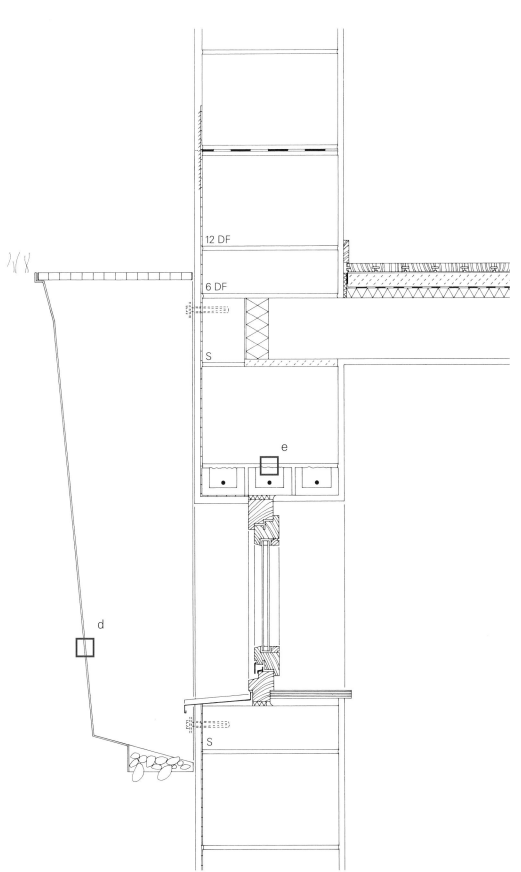

12 DF

6 DF

S

e

d

S

□ d
Von verschiedenen Herstellern werden Fertiglichtschächte aus Kunststoff mit zugehörigem Gitter angeboten, die im Mauerwerk angedübelt werden.

□ e
Wenn die Stahlbetondecke die Fensteröffnung überbrückt, entfallen die Auflagen für die Übermauerung der Ziegelstürze (siehe Seite 17 ff).

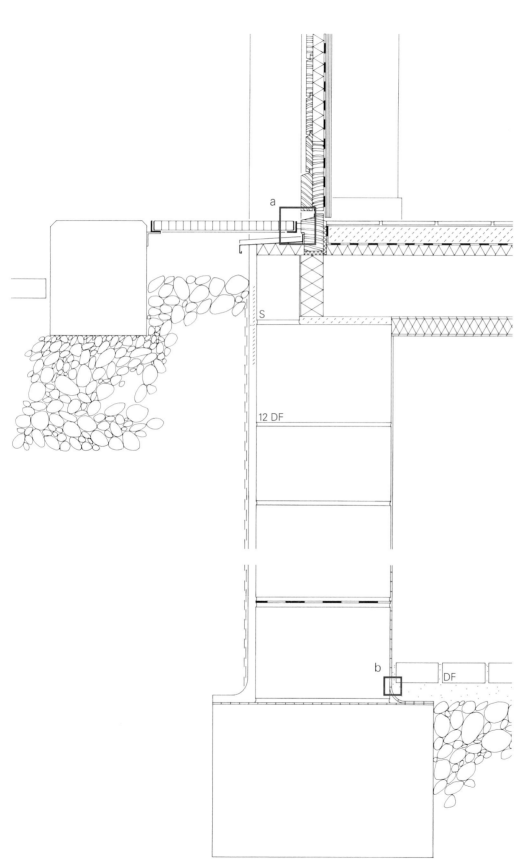

□ a
Der untere Türrahmen aus
Holz vermeidet Tauwasser
und Vereisungen im Winter;
Fälze und Dichtung können
umlaufen. Allerdings sind
besondere Vorkehrungen für
diesen auch mechanisch
hoch beanspruchten Punkt
notwendig: die Wahl einer
geeigneten Holzart, z. B.
Eiche; die Ausbildung von
Gefällen nach außen; das
Abhalten von Schlag- oder
Treibregen durch den mit
Abstand angeschraubten
feinmaschigen Gitterrost;
die Ausbildung eines abwei-
senden Wetterschenkels
mit Wasserabreißnut.

Letztere Aufgabe kann
durch das unterste Brett
der Aufdoppelung nur sehr
bedingt wahrgenommen
werden: Die wind- und
wettergeschützte Lage der
Hauseingangstür ist somit
Voraussetzung.

Da mechanische Beschä-
digungen kaum zu vermei-
den sind, genügt diese
Ausführung nur geringen
Beanspruchungen.

□ b
Die Ausführung eines
„natürlich" kühlen und feuch-
ten Vorratskellers setzt einen
absolut sicher dränenden
Untergrund voraus. Stau-
wasser muss sicher ausge-
schlossen werden. Eine
kapillarbrechende Schüttung
von mind. 15 cm unter dem
Boden aus im Sandbett ver-
legten Vollziegeln ist zur
Sicherheit angeraten. Die
Innenseite der Kellerum-
fassung sollte mit einer
elastischen Dichtschlämme
versehen werden, die mit
mineralischer Schlämme
oder mit Kalk- bzw. Mineral-
farbe überstrichen wird.

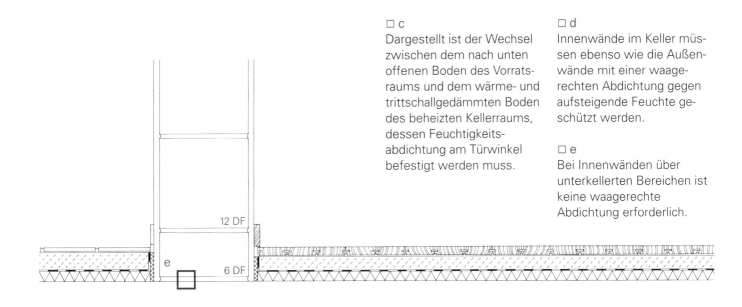

□ c
Dargestellt ist der Wechsel zwischen dem nach unten offenen Boden des Vorratsraums und dem wärme- und trittschallgedämmten Boden des beheizten Kellerraums, dessen Feuchtigkeitsabdichtung am Türwinkel befestigt werden muss.

□ d
Innenwände im Keller müssen ebenso wie die Außenwände mit einer waagerechten Abdichtung gegen aufsteigende Feuchte geschützt werden.

□ e
Bei Innenwänden über unterkellerten Bereichen ist keine waagerechte Abdichtung erforderlich.

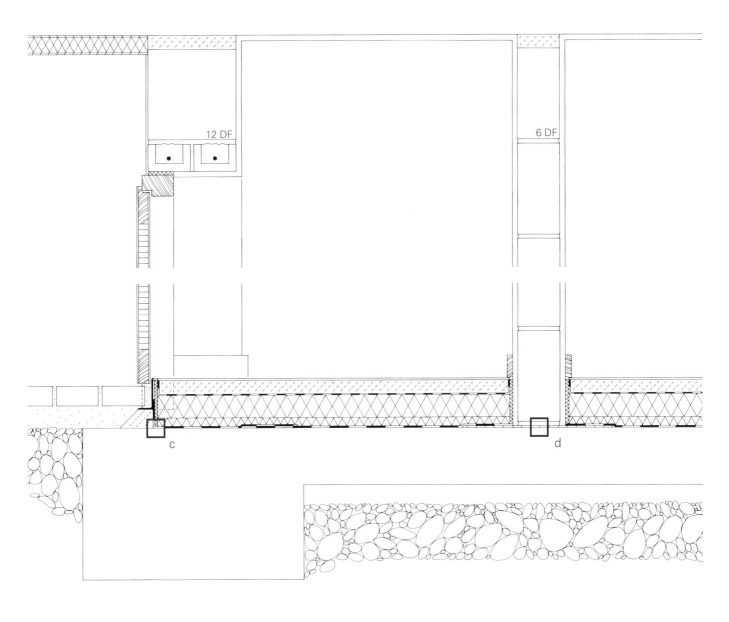

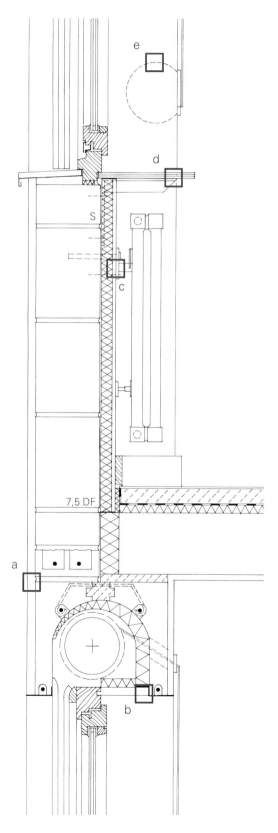

□ a

Der Rollladenkasten bildet mit der Vorblendung einen einheitlichen Putzgrund. Er wird werkseitig aus Teilen zusammengesetzt und kann als nichttragendes Fertigteil durch die eingelegte Bewehrung Öffnungen bis ca. 5 m selbsttragend überspannen. Höhe etwa 30 cm, Wanddicke 30 cm bzw. 36,5 cm.

□ b

Der Revisionsdeckel aus 12–15 mm Baufurniersperrholz (BFU) mit aufgeklebter Wärmedämmung aus z. B. mind. 30 mm Polystyrolhartschaum wird in einen aus Aluminiumwinkeln gebildeten Falz geschraubt.

Selten wird für das seitliche Auflager des Revisionsdeckels Sorge getragen: Wärmeverluste und Zugerscheinungen sind die Folge. Ein vierseitig umlaufender Winkelrahmen mit Anschluss an die wärmegedämmten Auflager des Rollladenkastens wäre erforderlich.

□ c

Die 17,5 cm dicke Abmauerung der Heizkörpernische erlaubt die gewohnte Auflagerung des Heizkörpers auf einzementierten Wandkonsolen. Die Störung der Wärmedämmung muss hingenommen werden.

□ d

Die dünne Fensterbank, z. B. aus 25 mm Naturstein, wird seitlich in die Leibungen eingestemmt und durch Konsolen ca. alle 60 cm unterstützt.

□ e

Die Aussparung für den Gurtwicklerkasten wird in das Mauerwerk eingefräst, wenn kein dafür geeigneter Formziegel verwendet wird.

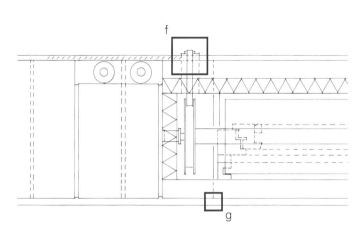

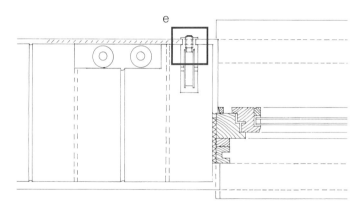

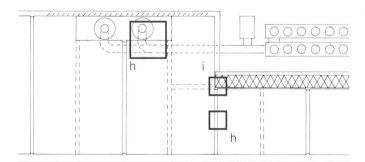

□ f
Die Gurtdurchführung kann mit Bürsten- oder Lippendichtungen nur unvollkommen gegen Wärmeverluste geschützt werden.

□ g
Der Ziegelrollladenkasten benötigt mind. 8 cm Auflager, auf der Gurtseite 15 cm. Die untere Putzabschlussschiene des Rollladenkastens wird auf die fertige Fensterlichte abgelängt.

□ h
Heizkörpernischen müssen im Verband mit den Wänden erstellt werden.

Die Führung der Steigleitungen in senkrechten Schlitzen der Außenwand und die Schwächung der Einfassungen der Nische für die Anbindungen von Vor- und Rücklauf waren lange Zeit die gebräuchlichen Ausführungen. Um den gestiegenen Anforderungen der Wärmeschutzverordnung zu genügen, muss der Schlitz mindestens außenseitig, besser dreiseitig gedämmt werden. Die Anbindungen müssen mit der Mauerfräse gefräst werden.

□ i
Die stumpf in die Nische eingeschnittene Wärmedämmung ist Standard. Wärmeverluste über die geschwächten Flanken werden vernachlässigt, evtl. anfallendes Tauwasser wird „weggeheizt". Holzwolleleichtbauplatten oder Dreischichtplatten mit Polystyrolkernen sind ausreichend griffige Putzträger.

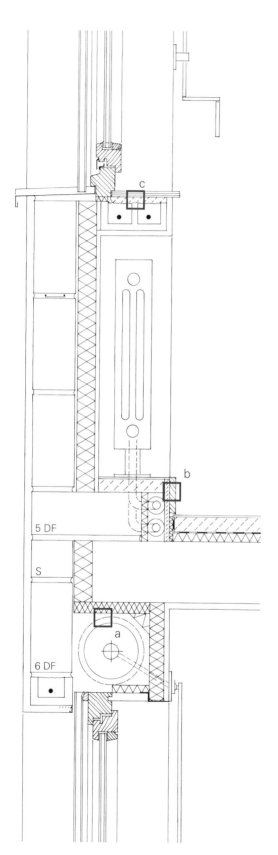

□ a
Rollläden für Fenster mit
gemauertem Anschlag
können mit einem „halben"
Fertigrollladenkasten hergestellt werden.

Die Maueröffnung wird mit
einem deckenbündigen Sturz
bzw. einem Ziegelsturz überbrückt. Der so festgelegte
Ballendurchmesser begrenzt
die Fensterhöhe.

Die Bedienung mit Gelenk-
kurbelantrieb, in der Leibung
oder auf der Wand angeordnet, ist wärmetechnisch dem
Gurtzug vorzuziehen.

□ b
Durch außenbündiges Ver-
mauern eines 30 cm dicken
Ziegels (5 DF) in der 36,5 cm
dicken Außenwand (6 DF
oder 12 DF) entsteht über
der Stahlbetondecke ein
13,5 cm hoher und 6,5 cm
tiefer waagerechter Wand-
schlitz. Dieser kann, außenseitig gedämmt, die Leitungen für Vor- und Rücklauf
aufnehmen. Die Anbindung
an den Heizkörper erfolgt
von unten in der Heizkörpernische. Der Estrich wird
geglättet, gespachtelt und
beschichtet. Der horizontale
Schlitz muss rechnerisch
nachgewiesen werden.

□ c
Die Heizkörpernische wird
mit einem Ziegelflachsturz
überbrückt; die Fensterbank
kann dünner ausgeführt
werden.

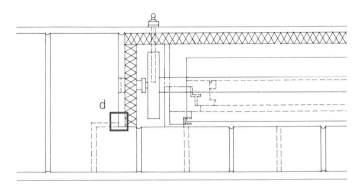

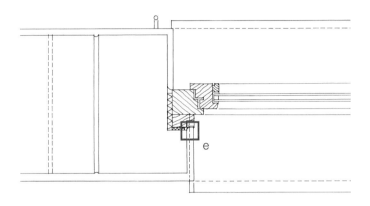

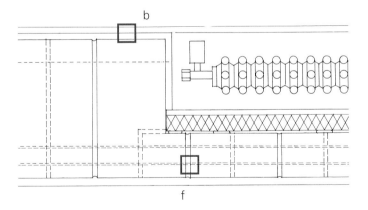

☐ d
Der Rollladenkasten liegt seitlich mind. 4 cm auf der Außenwand auf. Die Übermauerung der Ziegelflachstürze wird im Verband mit den großformatigen Leichtziegeln der Außenwand aufgemauert.

☐ e
Der Maueranschlag erlaubt das nahezu bündige Einputzen der Rollladenschiene, deren unteres Ende zugeschweißt wird und auf dem Fensterblech steht; die seitliche U- oder L-förmige Aufkantung des Fensterblechs wird entsprechend ausgeklinkt.

Werden unterschiedliche Metalle verwendet, so ist Vorsorge gegen elektrochemische Korrosion zu treffen.

Der Außenputz wird mit Kellenschnitt oder Dichtstofffuge an der Rollladenschiene angeschlossen.

☐ f
Als Sicherung gegen Risse sollte mindestens in der obersten Lagerfuge eine durchgehende Bewehrung eingelegt werden.

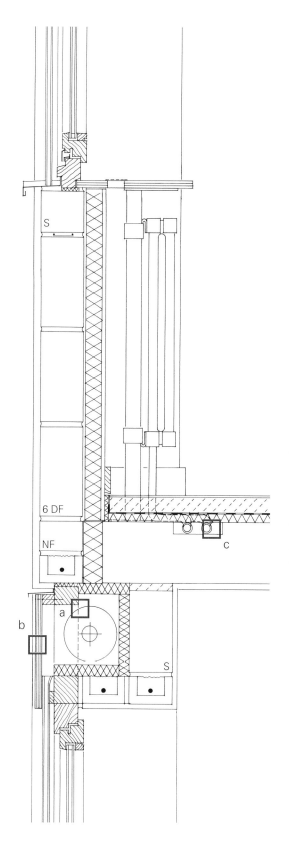

□ a
Diese Sonderkonstruktion
vermeidet durch die ab-
schraubbare Blende in der
Außenwand die Probleme
eines nicht dichtschließen-
den Revisionsdeckels; die
Wand wird innen homogen
fortgeführt, Rollladen und
Fenster werden als Element
von außen eingesetzt und
eingeputzt. Rollladenschiene
und Revisionsdeckel werden
nach dem Einputzen von
außen aufgesetzt.

Die Bedienung des Rollla-
dens mit Rohrmotor ist zwar
aufwändiger, vermeidet aber
die vorbeschriebenen
Schwachstellen.

□ b
Die Rollladenblende – z. B.
wasserfest verleimtes Sperrholz AW 100 – wird mit
Schattenfuge auf den einge-
putzten Rahmen geschraubt
und oben mit einem Z-Profil
abgedeckt.

□ c
Vor- und Rücklauf werden
in einer die Außenwand
begleitenden Aussparung der
Stahlbetondecke geführt.
Auf eine eigene Wärme-
dämmung kann verzichtet
werden, da der bauliche
Wärmeschutz gewährleistet
ist und abströmende Wärme
der gleichen Wohneinheit –
Reihenhaus – zugute kommt.

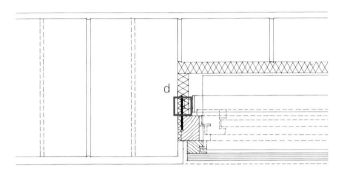

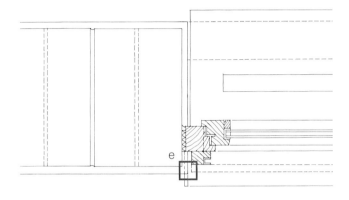

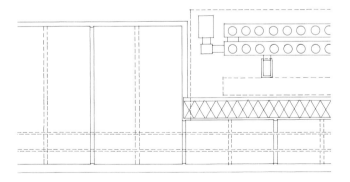

□ d
Die Welle des Rollladens wird von einer am Rahmen befestigten Flachstahlkonsole getragen.

□ e
Mit dieser Konstruktion ist eine putzbündige Lage des Fensterelementes möglich. Bautechnisch sinnvoll ist jedoch ein Zurücksetzen um mind. 1 cm, besser 2–3 cm, um die Bautoleranzen aufzufangen und die Beanspruchung durch das Wetter zu reduzieren.

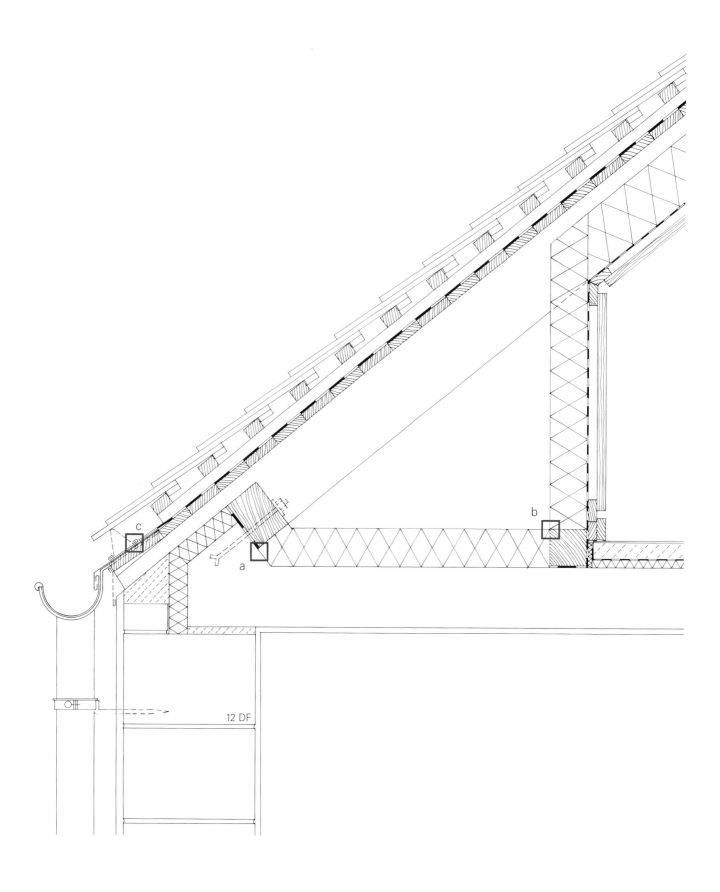

12 DF

☐ a
Die Stahlbetondecke kann als Zugband der Gespärre verwendet werden und ermöglicht einen stützenfreien Dachraum. Die Fußpfette wird mit Steinschrauben alle ca. 1,5–2,0 m befestigt, die in Aussparungen der bewehrten Aufkantung einbetoniert werden. Der Sparren wird ausgeschnitten oder mit einer Konterlattung fortgesetzt.

☐ b
Die Abseiten des Dachraumes sind kalt; die Wärmedämmung des Daches wird in der Holzständerwand zusammen mit der Winddichtung bzw. Dampfbremse heruntergeführt. Die Stahlbetondecke ist oberseitig gedämmt.

☐ c
Die Dichtungsbahnen des Unterdachs werden auf dem vorbehandelten Traufblech aufgeklebt. Die Ziegel liegen auf einem abgekanteten Lochblech auf, das mit Haften auf dem Traufblech befestigt ist. Das Lochblech sichert die Durchlüftung und lässt eingedrungene Feuchtigkeit ablaufen.

☐ d
Wird die Dachfläche als „steife Scheibe" ausgebildet, so sind die angrenzenden Bauteile kraftschlüssig an die Ränder der Dachscheibe anzuschließen: Die Giebelmauer wird am Dachstuhl „angehängt". Die Verbindung kann mit sorgfältig eingemauerten Steinschrauben etwa alle 1,5–2,0 m erfolgen. Um der Korrosion durch Tauwasser vorzubeugen, ist die Ausführung der Ankerschrauben aus nichtrostendem Stahl (NRS) angeraten; Distanzklötze aus Sperrholz sind einzulegen.

Der Anschluss der Giebelmauer kann auch mit Hilfe eines Stahlbetonbalkens erfolgen, der den freien Mauerrand fasst. Da der Stahlbetonbalken in „Stufen" aufbetoniert wird, die durch Verband und Steingröße vorgegeben sind, ist besonders darauf zu achten, dass über ihn keine Wärmebrücken entstehen.

☐ e
Die Bahnen des Unterdachs werden mit kleiner Schlaufe auf dem Estrich aufgeklebt; evtl. eingedrungene Feuchtigkeit kann durch die aufgedübelten Streifen aus wasserfest verleimten Sperrholz, Qualität AW 100, unschädlich ablaufen.

☐ f
Das Einputzen der mind. 3 cm, besser 5 cm, vor dem Putz auskragenden Biberschwanzziegel ist ein einfaches und elegantes Detail. Der Putz ist durch Putzträgergewebe zu sichern. Um die Beanspruchung des Ortgangs durch Dachwasser abzumindern, wird die letzte Reihe der Ziegel am Ortgang leicht angehoben.

☐ g
Winddichtung bzw. Dampfbremse werden mit einem durchgehenden Brett an die verputzte Innenwand angepresst.

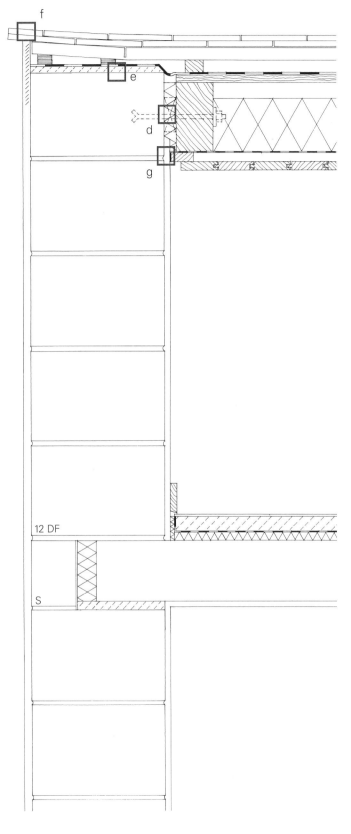

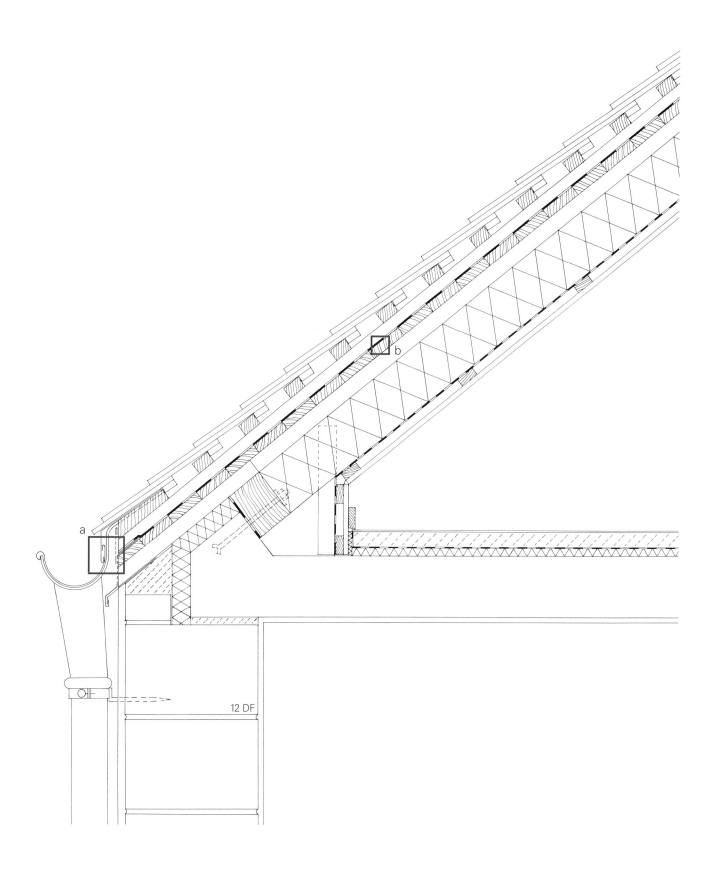

12 DF

□ a
Die Rinne schließt unmittelbar an die Dachdeckung an und wird über einen konischen Rinneneinlauf mit dem runden Fallrohr verbunden. Die Luftschichten von Unterdach und Wärmedämmung enden am Lochblech der Zuluft. Dieses wird am Traufbrett verdeckt angenagelt, von einem Haftstreifen gehalten und endet mit einer Tropfkante.

□ b
Das „durchlüftete" Dach, auch als „Kaltdach" bezeichnet, benötigt eine durchlaufende Zuluft an der Traufe (2‰ der zugehörigen geneigten Dachfläche, mind. 200 cm²/m als freier Querschnitt) und bei dieser Dachneigung eine Abluft am First (0,05‰ der gesamten geneigten Dachfläche).

In diesem Fall kann auf eine Dampfsperre verzichtet werden, die auch am Bau schwer durchzuhalten ist. Ausgeführt wird eine „Dampfbremse", die nur so viel Dampf durchlässt, wie von der bewegten Luftschicht abgeführt werden kann.

Zwingend erforderlich ist die Winddichtigkeit. Winddichtung und Dampfbremse werden z. B. mit Bahnen aus imprägniertem Papier, Krepppapier oder PE-Folie hergestellt. Auf sorgfältig und ausreichend überlappte bzw. verklebte Stöße ist zu achten und vor allem auf durchgehende und dicht ausgeführte Anschlüsse. Je nach Dampfdiffusionswiderstand des gewählten Materials wirkt die Winddichtung auch als Dampfbremse.

□ c
Die Giebelwand ist als „Schildmauer" ausgebildet, die deutlich die Dachfläche überragt und einen akzentuierten Abschluss bildet. Die Seite zum Dach ist mit Blech verkleidet.

Die Abdeckung der Schildmauer erfolgt mit Blech, das mit einer Trennlage – je nach Material Bitumendachbahn, PVC-Folie, Ölpapier – unterlegt und auf einem ca. 25 mm dicken Sperrholzstreifen AW 100 mit Haften befestigt wird.

Die Abdeckung wird mit ca. 30 mm Putzüberstand und einer Tropfkante ausgeführt. Die Aufkantung des Deckblechs auf der Giebelseite und/oder ein leichtes Gefälle zur Dachfläche vermeiden ein Durchfeuchten der Giebelwand.

□ d
Die Schuppendeckung der ebenen Biberschwanzziegel wird mit einzelnen Nockenblechen an aufgehende Bauteile angeschlossen. Die Blechverkleidung wird mit Haften gehalten und muss die Nockenbleche gut übergreifen.

□ e
Nach Befestigung der Winddichtung bzw. Dampfbremse wird die Gipskartondecke dauerelastisch gegen die Giebelwand angeschlossen.

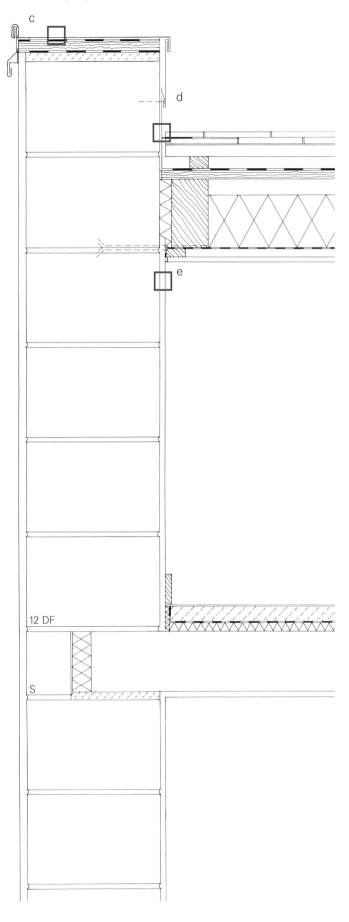

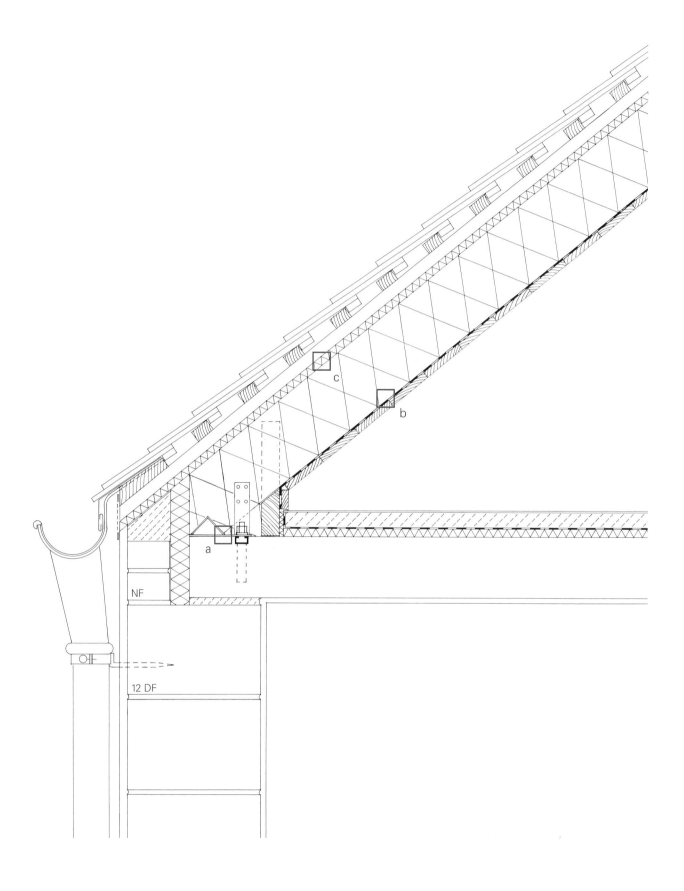

a

b

c

NF

12 DF

☐ a

Mit einem patentierten Sparrenhalter aus verzinktem Stahlblech, der an einer einbetonierten Ankerschiene angeschraubt wird, lässt sich die Betonaufkantung vermeiden. Die Sparren werden an den seitlichen Laschen befestigt.

☐ b

Die „Vollsparrendämmung" mit einer Schüttung aus Dämmstoffen (z. B. Zellulosefasern oder Perlite) erfordert die Ausbildung eines Hohlkastens: Die Sparren werden auf der Unterseite mit Winddichtung bzw. Dampfbremse versehen und mit 19 mm Nut- und Federbrettern oder scharfkantigen Fußbodenbrettern verschalt. Damit ist die Wärmedämmung bis zum Fußpunkt vorgegeben; Abseiten können nach Bedarf abgetrennt werden. Durch eine zusätzliche Konterlattung im Sparrenabstand können die Perforation der Dampfbremse verringert, Bautoleranzen ausgeglichen und Raum für Elektroinstallation geschaffen werden.

☐ c

Die auf den Sparren aufgebrachte 22 mm dicke bituminierte Holzfaserplatte kann nach Angabe der Hersteller als wasserableitende Schicht des Unterdachs verwendet werden. Die Dampfdurchlässigkeit der bituminierten Weichfaserplatte ist auf die der Winddichtung/Dampfbremse abzustimmen. Regel: „nach außen hin dampfdurchlässiger".

Brandschutztechnische Auflagen – z. B. F30B – an den Dachstuhl sind zu beachten und können andere Dimensionen der tragenden Hölzer oder eine feuerhemmende Be- oder Verkleidung erfordern.

☐ d

Bei Dachtragwerken, die als stehende Dachstühle ausgebildet sind, übernehmen Pfetten, Kopfbüge und Stuhlsäulen bzw. Bindersparren die Weiterleitung der Windkräfte.

Die Giebelmauer wird am Dachstuhl „angehängt": Die Ausbildung des Anschlusses unterscheidet sich nicht von dem der Dachscheibe. Der Stahlbetonbalken wird auf die abgetreppte Giebelmauer betoniert; eine oberseitige Warmedämmung ist erforderlich, da der Stahlbetonbalken infolge der Abtreppungen in den beheizten Bereich herunterreichen und Wärmebrücken verursachen kann. Zu erwartende Verformungen des Stahlbetonbalkens (in Folge des unvermeidlichen Schwindens, verstärkt durch Temperaturbewegungen) sind bei der konstruktiven Detailausbildung zu berücksichtigen. Der Anschluss der Giebelwand ohne Stahlbetonbalken würde diese Probleme vermeiden (siehe Seite 33ff.). Der Hohlraum zwischen Wand und Randsparren ist in jedem Fall sorgfältig mit Dämmmaterial auszustopfen, die Dampfbremse mindestens winddicht anzuschließen.

☐ e

Die Vorblendung der Mauerkrone wird zugeschnitten und mit einem Zementestrich abgedeckt. Das an die Biberschwanzziegel angepasste Zahnbrett wird über eine Leiste an den auskragenden Dachlatten angeschraubt.

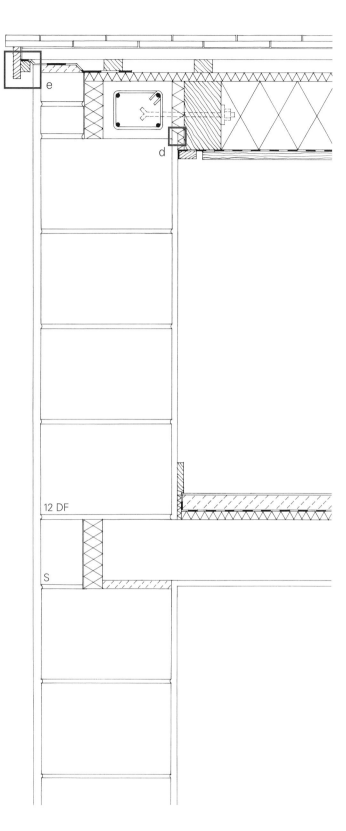

12 DF

S

Schornstein mit Schamotteeinsatz
Vertikalschnitt verputzter Schornsteinkopf

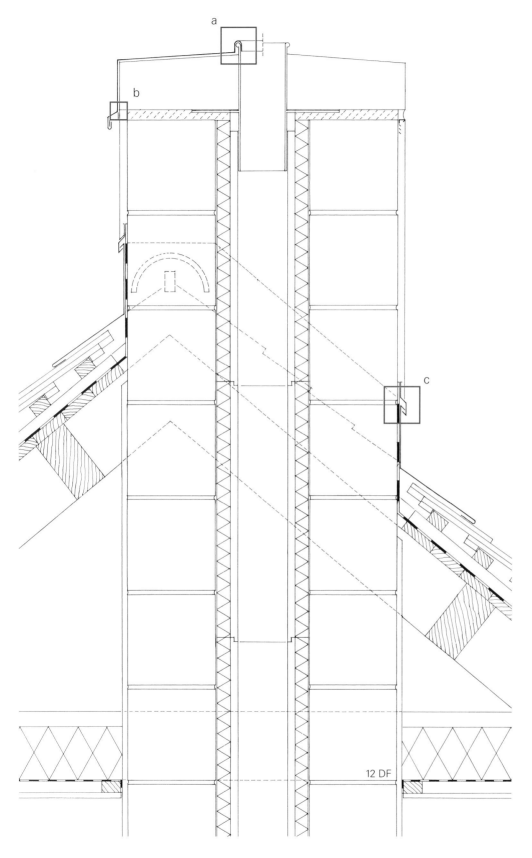

□ a
Durch die günstige Lage nahe am First muss der Kamin nur die je nach Bauordnung vorgeschriebenen 40 bzw. 50 cm über die Firstziegel geführt werden.

Die Ortbetonabdeckung wird auf den noch weichen Mörtelausgleich betoniert. Die einbetonierte Dehnfugenmanschette ermöglicht die Längenänderung der Schamotterohre, die gedämmt und ummauert werden.

□ b
Der verputzte Kaminkopf erfordert eine ausreichende Wärmedämmung des Zuges.

Strömungstechnisch günstig ist ein möglichst glatter Schaft. Zum Schutz des Putzes und zur Aufnahme von Bewegungen ist dagegen ein großer Überstand der Abdeckplatte erwünscht.

Wenn keine Korrosionsgefahr besteht, kann diesem Widerspruch durch eine Abdeckung aus Blech, z. B. NRS, begegnet werden. Die Abdeckung wird mit der Dehnfugenmanschette verfalzt; sie endet mit einer deutlichen Tropfnase vor dem Außenputz.

□ c
Will man dauerelastische Verfugungen vermeiden, bleibt nur die Möglichkeit, das Risiko einzugehen, den Kappstreifen einzuputzen. Putz und Blech werden mit einem 2–3 mm breiten Schnitt getrennt.

Die Blechverwahrungen im Sichtmauerwerk werden in ausgeschnittene Fugen eingeführt, mit Mauerhaken gehalten und abgedichtet.

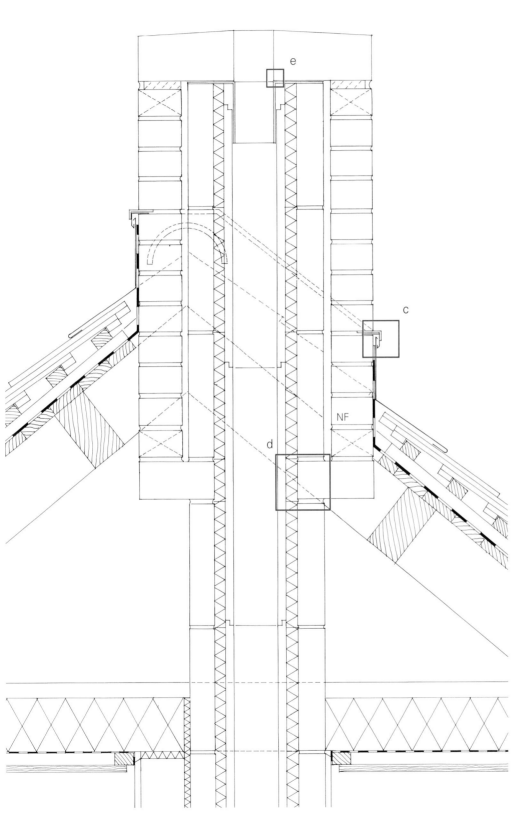

d

Der Kamin besteht aus
Leichtbeton-Mantelsteinen
mit wärmegedämmten Ein-
sätzen aus Schamotte-
rohren.

Die mindestens 11,5 cm
dicke Vorblendung aus frost-
beständigen Ziegeln – VMz
oder VHLz – wird auf einem
eingemauerten Betonfertigteil
aufgesetzt und besonders
sorgfältig vermauert und verfugt. Zu- und Abluft der Luftschicht erfolgen über offene
Stoßfugen.

e

Die vorgefertigte Abdeck-
platte wird aufgemörtelt, die
Fugen mind. 2 cm tief ausge-
kratzt und mit dem Sichtmauerwerk schlagregensicher
elastisch verfugt. Ein kon-
struktiver Überstand reduziert die Belastung dieser
Fugen.

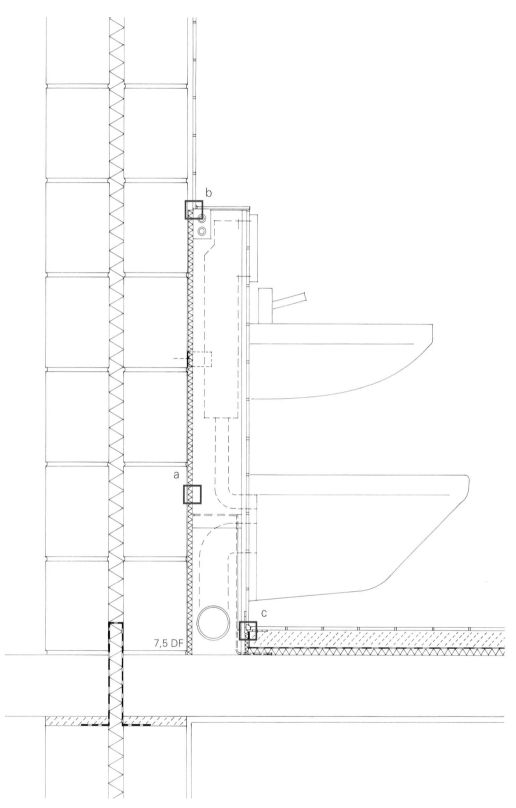

7,5 DF

□ a
Vorwandinstallation ist der rationellen Montage wegen anzustreben. Eingriffe in die Mauerwerkssubstanz entfallen.

In allen Fällen, in denen die Schalldämmung der Wände, besonders der Wohnungs- oder Haustrenn- wände durch Leitungen beeinträchtigt wird, ist Vor- wandinstallation unum- gänglich.

Das dargestellte System arbeitet mit vorgefertigten Installationselementen aus Polymerbeton für die jewei- ligen Sanitärgegenstände.

□ b
Die Vorblendung kann auf Höhe einer Ablage enden und mit Fliesen abgedeckt oder bis zur Decke auf- gemauert werden.

Die Fallleitung wird zur Ent- lüftung über Dach geführt.

□ c
Das elastische System des schwimmenden Estrichs muss beweglich an die starre Wand angeschlossen wer- den: Ein Dichtband mit Schlaufe ist einzulegen, an der Wand hochzuführen und anzukleben; die Fugen zwischen Boden und Wand sind dauerelastisch abzu- dichten.

Nachdem weder Dusche noch Bodenablauf vorgese- hen sind, kann dieses Bad als Feuchtraum (kein Nass- raum) ohne Feuchtigkeits- abdichtung unter Belag und Estrich ausgeführt werden. Die Abdichtung der Fliesen mit wasserdichtem Fliesen- kleber, unterstützt durch eine dichte Verfugung, sollte in der Regel genügen.

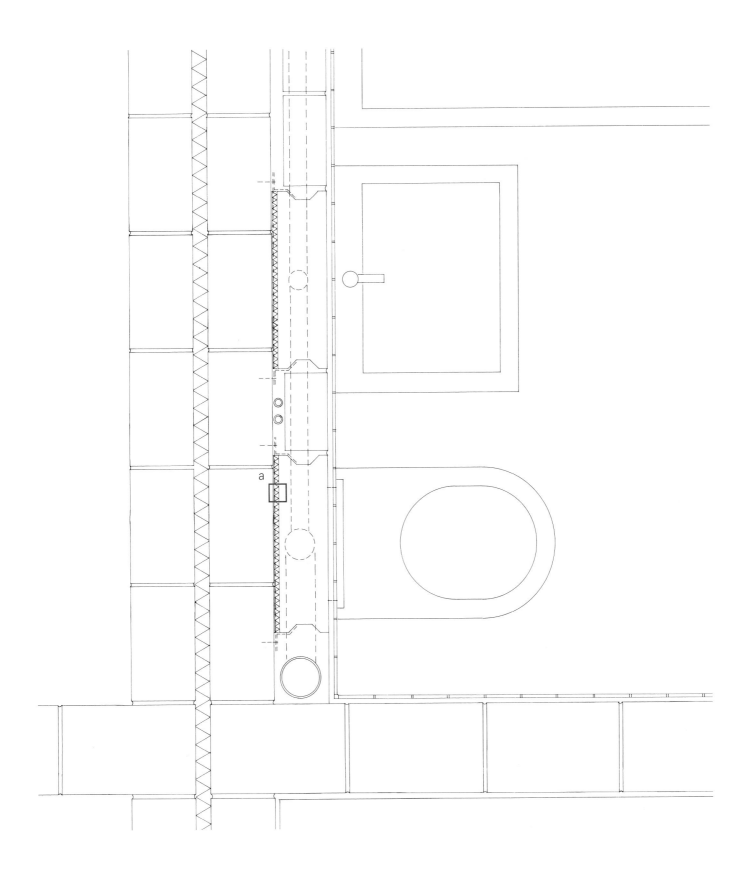

a

Im nachfolgenden Anhang werden die wichtigsten Grundlagen für das Bauen mit großformatigen Ziegeln aufgeführt:

– Ziegelformate und Maßtoleranzen
– Ziegelarten und Mauermörtel
– Verbände
– Maßordnung

Der Aufsatz „Mauerwerk aus großformatigen Ziegeln, Tragwerk und Gefüge" von Dr.-Ing. Bernhard Behringer macht das Zusammenwirken der Teile zu einem Bauwerk deutlich.

Im Bericht „Putz auf Ziegelmauerwerk" von Dr.-Ing. Peter Roeke werden am Verhalten von Wand und Bekleidung die Grundregeln des Verputzens von Ziegeln erläutert.

Unberücksichtigt bleiben müssen die Auswirkungen der Energieeinsparverordnung (EnEV) auf das Bauen mit großformatigen Ziegeln, die die bisher gültige Wärmeschutzverordnung (WSchVO 1995) abgelöst hat. Ihr Ansatz ist umfassend und bezieht ganzheitlich den Entwurf und die Haustechnik ein: die mit Himmelsrichtungen und Befensterung verbundenen Wärmegewinne bzw. -verluste, die Winddichtigkeit, Wärmebrücken und auch die Heizungstechnik.

Die verschiedenen Größen der Ziegel sind von einem Grundmodul abgeleitet, dem Dünnformat mit dem Formatkurzzeichen DF. Dadurch können unterschiedliche Ziegelformate beim Vermauern kombiniert werden. Größere Formate kann man sich aus diesem Ziegel zusammengesetzt vorstellen, wobei er – wie im Mauerwerk – mit Fugen aneinandergefügt ist. Ziegel ohne konventionelle Stoßfugenvermörtelung werden einem Formatkennzeichen näherungsweise zugeordnet (DIN 105).

Bei der Bezeichnung von großformatigen Hochlochziegeln ist zur genauen Unterscheidung die Angabe der Mauerdicke notwendig. Beispiele: Mit der Kurzbezeichnung 6 DF sind Ziegel für verschiedene Mauerdicken und Schichthöhen lieferbar. Mit Ziegeln der Kurzbezeichnung 12 DF können sowohl 24 cm als auch 36,5 cm dicke Mauern hergestellt werden. Die Stege der Lochung oder besondere Stoßfugenausbildungen sind dabei für eine Mauerdicke ausgelegt.

Die genannten Maße der Mauerziegel sind Nennmaße. Die Norm (DIN 105) räumt den Herstellern Maßabweichungen von den Nennmaßen ein: Kleinstmaße und Größtmaße.

So dürfen sich die tatsächlichen Abmessungen eines 24 cm langen Ziegels zwischen 23 und 24,5 cm bewegen; für 30 cm sind 29,0–30,8 cm zulässig, für 36,5 cm 35,5–37,3 cm.

Für die Baustelle ist wichtig, dass die Lieferung für ein und dasselbe Bauwerk jedoch nur begrenzte Maßtoleranzen haben darf: Die sogenannte Maßspanne beträgt 1 cm für 24 cm und 1,2 cm für 30 bzw. 36,5 cm.

Die Abweichungen für die Steinhöhe sind eingeschränkter: 23,3–24,3 cm für die Nennhöhe 23,8 cm und eine Maßspanne von 0,6 cm.

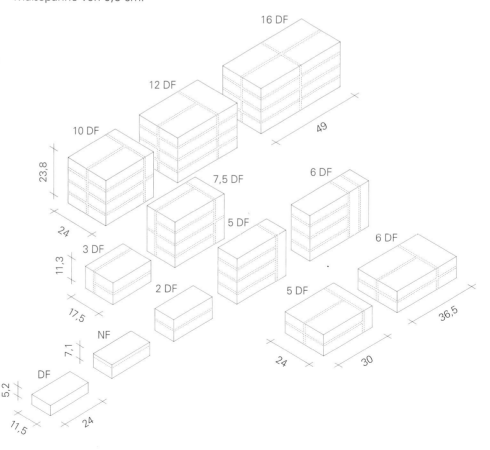

Leichthochlochziegel sind senkrecht zur Lagerfuge gelochte Ziegel (DIN 105 Teil 2), sie unterscheiden sich von Hochlochziegeln HLz durch eine niedrige Rohdichte, die höchstens 1,0 kg/dm³ betragen darf. Sie können mit Lochung A (Lochung 15–50 % der Lagerfläche, Einzelquerschnitt ≤ 2,5 cm²) als HLzA, mit Lochung B (Lochung wie A, jedoch mit Festlegung der Einzelquerschnitte) als HLzB oder mit Lochung C (5-seitig geschlossen, Gesamtlochquerschnitt höchstens 50 %, Einzelquerschnitt ≤ 16 cm², Festlegung der Einzelquerschnitte) hergestellt werden. Leichthochlochziegel W (HLzW) weisen bei einer Höhe von 238 mm die Lochung B auf und müssen zusätzliche Anforderungen erfüllen bezüglich der Lochreihenanzahl in Richtung der Wanddicke und Scherbenrohdichte. Neuentwicklungen werden außerhalb der Norm in bauaufsichtlichen Zulassungen geregelt.

Leichthochlochziegel sind mit unterschiedlicher Ausbildung der Lochung und der Stoßfugenflanken erhältlich.

Einige Beispiele von Ziegeln mit der Formatkurzbezeichnung 12 DF für 36,5 cm dicke Außenwände:

a
Ziegel mit Grifflöchern für reguläre Stoßfugenvermörtelung.

b
Ziegel mit Mörteltasche für zwei Verlegearten: Einzelverlegung mit vermörtelten Flanken und unverfüllter Mörteltasche, oder Reihenverlegung mit Knirschvermauerung und verfüllter Mörteltasche.

c
Ziegel mit Grifflöchern für einfache mörtelfreie Stoßfugenverzahnung.

d
Zahnziegel für mehrfache mörtelfreie Stoßfugenverzahnung oder als Planziegel für Dünnbettvermörtelung.

Das System der mörtelfreien Stoßfugenausbildung reduziert den Verlegeaufwand und Mörtelverbrauch und verbessert den Dämmwert der ungestörten Außenwand. Maßtoleranzen der einzelnen Ziegel können aber nicht, wie bei konventioneller Vermauerung, in den Mörtelfugen aufgefangen werden. Bei Ecken und Einbindungen von Wänden müssen die Stoßfugen vermörtelt werden. Bei der Ausbildung von Tür- und Fensterleibungen sind Vermörtelungen oder Passstücke erforderlich.

Mauermörtel besteht aus Sand, Bindemittel (Kalk oder Zement) sowie Zusätzen und Zusatzmitteln, die die Mörteleigenschaften durch chemische oder physikalische Wirkung ändern (DIN 1053).

Normalmörtel wird mit Normalzuschlag auf der Baustelle hergestellt oder als Werkmörtel angeliefert (DIN 4226 Teil 1). Man unterscheidet die Mörtelgruppen MG I, II a, II b und III, für die bei der Verarbeitung jeweils bestimmte Beschränkungen zu beachten sind (DIN 1053).

Leichtmauermörtel findet als Werk-Trockenmörtel oder Werk-Frischmörtel Verwendung. Er verbessert durch eine geringere Trockenrohdichte sowie einen mineralischen Leichtzuschlag die Wärmedämmung einschaliger Außenwände. Er wird in die Gruppen LM 21 und LM 36 eingeteilt (DIN 4226).

Dünnbettmörtel ist ein feinkörniger Werk-Trockenmörtel (DIN 4226). Bei der Verarbeitung muss die Dicke der Lagerfuge 1–3 mm betragen. Er wird der Mörtelgruppe III zugeordnet.

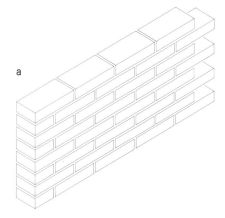

a

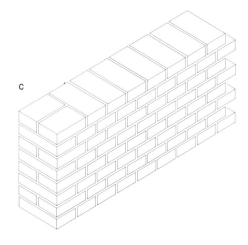

c

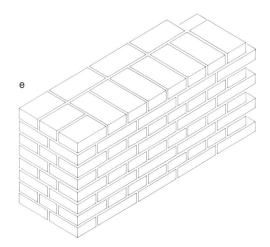

e

Wände sind im Verband nach folgenden Grundregeln – Verbandsregeln (DIN 1053) – zu mauern:
– Steine einer Schicht sollen die gleiche Höhe haben, Lagerfugen sollen durchgehen;
– die Stoß- und Längsfugen übereinanderliegender Schichten müssen versetzt sein. Dieser Versatz – das Überbindemaß – muss das 0,4fache der Steinhöhe, mind. jedoch 4,5 cm betragen, bei 23,8 cm Steinhöhe also 9,5 cm. Großformatige Ziegel werden meist um eine halbe Steinlänge versetzt. Auf die Einbindung von Querwänden – auch von aussteifenden Wänden – kann verzichtet und ein stumpfer Stoß ausgeführt werden, wenn die zug- und druckfeste Verbindung durch andere Maßnahmen – z. B. durch Einmauern von Flachankern – gesichert ist.

   Die großformatigen, meist mauertiefen Ziegel werden in einfachen Verbänden vermauert: Läuferverband für Innenwände 11,5, 17,5, 24 cm dick; und Binderverband für Außenwände 36,5 cm dick.

Die für die Kalkulation anzusetzenden Arbeitszeiten betragen ungefähr:

je Quadratmeter
Innenwand 11,5 cm dick:
     DF 1,5 Stunden
  2 DF 0,9 Stunden
  6 DF 0,3 Stunden

je Quadratmeter
Innenwand 24 cm dick:
     DF 2,1 Stunden
  2 DF 1,5 Stunden
12 DF 1,2 Stunden

je Quadratmeter
Außenwand 36,5 cm dick:
     DF 3,3 Stunden
  2 DF 2,1 Stunden
12 DF 1,4 Stunden

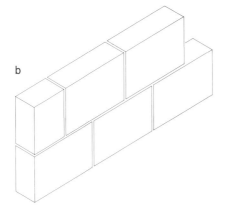

b

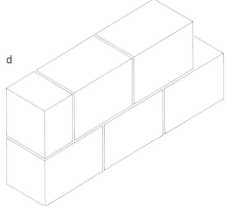

d

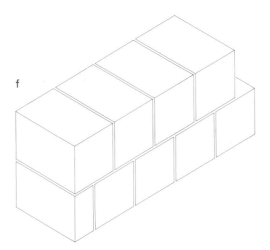

f

a
Wand 11,5 cm dick,
Läuferverband aus DF

b
Wand 11,5 cm dick,
Läuferverband aus 6 DF

c
Wand 24 cm dick,
Binderverband aus DF

d
Wand 24 cm dick,
Läuferverband aus 12 DF

e
Wand 36,5 cm dick,
Blockverband aus DF

f
Wand 36,5 cm dick,
Binderverband aus 12 DF

Läufer sind Mauerziegel,
die mit der Längsseite in der
Mauerflucht liegen, Binder
jedoch mit der Schmalseite.
In der äußeren Erscheinung
zeigen somit beide Verbände
gleiche Formate, die in den
Schichten gegeneinander
versetzt sind. Das Bild der
Mauer unterscheidet sich
somit von den Verbänden –
hier dem Blockverband –,
die wir von den kleinformatigen Ziegeln kennen und die
durch den gesetzmäßigen
Wechsel von Läufern und
Bindern gekennzeichnet
sind.

Mauermaße basieren auf dem Oktametersystem: Stein 11,5 cm und Fuge 1 cm bilden das Grundmodul von 12,5 cm. Durch Hinzuzählen oder Abziehen der Fuge werden die drei Grundmaße abgeleitet:

Außenmaß
A = n x 12,5 – 1 cm
Öffnungsmaß
Ö = n x 12,5 + 1 cm
Vorsprungsmaß
V = n x 12,5 cm

Die Maßordnung gilt auch für Ziegel, die ohne Stoß-fugenvermörtelung vermauert werden: Die Stoßfugen werden mit 3 mm angesetzt; die Steinlänge beträgt 24,7 cm. Kleinere Formate, Endungen und Einbindungen werden geschnitten. Auch bei einer fortgeschrittenen Schneide- und Sägetechnik auf der Baustelle gilt, dass Verluste durch Schnitte und Scherben vermieden werden, wenn Bauwerke nach den Mauermaßen des Oktametersystems geplant sind. Zu berücksichtigen ist auch, dass Normfenster und Normtüren auf das Oktametersystem abgestimmt sind.

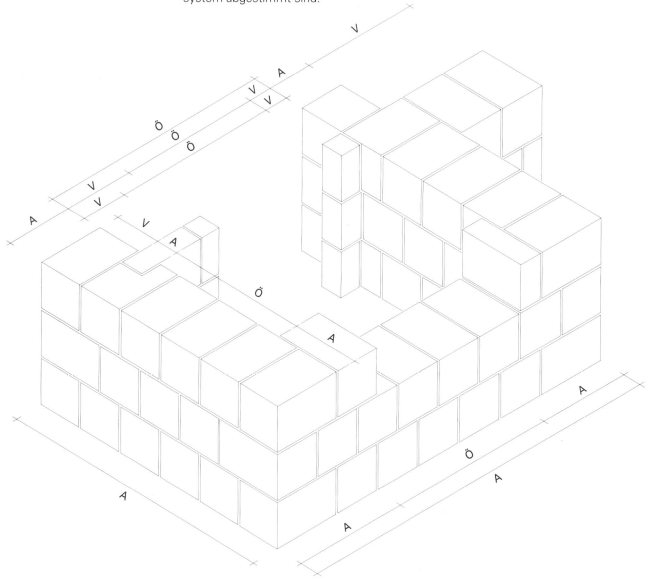

Mauerwerk aus großformatigen Ziegeln
Tragwerk und Gefüge
von Dr.-Ing. Bernhard Behringer

1
Räumliches Gefüge

Gebäude stellen mit ihren tragenden und aussteifenden Bauteilen Tragwerke dar, deren Standsicherheit gewährleistet sein muss. Das betrifft sowohl die Tragwerkselemente im Einzelnen als auch das räumliche Gesamtgefüge des Tragwerks.

Die wesentlichen Tragwerkselemente sind (abgesehen von Dachkonstruktion und Gründung) Wände und Decken. Im Gefüge wirkt die Einzelwand zusammen mit weiteren Wänden, mit denen sie direkt verbunden oder über Deckenscheiben bzw. Ringbalken-/Ringankersysteme gekoppelt ist.

1.1
Wände

Mauerwerkswände übernehmen als Elemente des Traggefüges („tragende Wände") in der Regel zwei verschiedene statische Funktionen:

Lastabtragung:
– lotrechte Lasten aus Eigengewicht, Decken, darüberstehenden Wänden, Dach
– horizontale Lasten senkrecht zur Wand aus Wind oder Erddruck

Aussteifung:
– horizontale Lasten parallel zur Wand aus Decken, Ringbalken/Ringanker, Querwänden

Wände ohne derartige Funktionen werden als „nichttragende Wände" bezeichnet.

1.2
Decken, Ringbalken-/Ringankersysteme

Die primäre statische Funktion der Decken ist immer die Übertragung der Flächenlasten auf die tragenden Elemente (Wände/Unterzüge). Daneben sind Decken auch horizontale Festhaltungen der Wände; bei ihrer Ausbildung als schubfeste Scheiben bilden sie zusammen mit den Querwänden ein räumlich ausgesteiftes Gefüge.

Sind die Elemente der Decke nicht als Scheibe ausgebildet (z. B. Holzbalkendecken, Ziegeldecken ohne Aufbeton), wird die Funktion der räumlichen Kopplung der Wände von Ringbalken- und Ringankersystemen erreicht. Ringbalken sind biegebeanspruchte Bauteile, die Festhaltungen quer zur Wandebene darstellen, also Lasten aus Wind oder Erddruck aufnehmen. Ringanker übernehmen Längskräfte (Zug oder Druck), ver-„ankern" also z. B. die quer zu ihnen verlaufenden Wände untereinander, in der Regel über dort angeordnete Ringbalken. Ringanker und -balken sind üblicherweise aus Stahlbeton. Unter bestimmten Bedingungen können Ringbalken und Ringanker auch entfallen (max. zwei Vollgeschosse, Länge < 18,00 m, Fenster/Türöffnungen < 60 % der Wandlänge, bzw. bei Öffnungsbreiten $> 2/3$ der Geschosshöhe < 40% der Wandlänge). In diesen Fällen müssen entsprechende Verankerungen der Deckenbalken (alle 2,00 m) vorhanden sein.

1.3
Vereinfachte statische Berechnungen

Die Mauerwerksnorm DIN 1053 nennt Voraussetzungen, bei deren Einhaltung vereinfachte statische Berechnungen und Spannungsnachweise für die Wände möglich sind. Bei einfachen Gebäuden wie den hier betrachteten Wohnhaustypen kann darüber hinaus festgestellt werden, dass die Standsicherheit gewährleistet ist bei:

– maximal zwei Geschossen mit Geschosshöhen bis 2,75 m
– tragenden Wänden: d = 36,5 bzw. 24 cm für Außen- bzw. Innenwände
– nichttragenden Wänden: d = 11,5 cm
– Geschossdecken als Betonplatten-, Holzbalken- oder Ziegeldecken, max. 4,20 m Spannweite
– normalen Verkehrslasten aus Wohnnutzung (max. 5,0 kN/m^2)
– Fensteranteil unter 60 %, bei Fensterbreiten über 1,80 m unter 40 %

In diesen Fällen ist statisch lediglich nachzuweisen, dass die vorhandene Druckspannung σ = N/A bei allen tragenden Mauerwerkswänden kleiner ist als die zulässige Druckspannung.

N ist dabei die vertikale Druckkraft aus dem Wandeigengewicht und den zugeordneten Decken- und Dachlasten. A ist die Querschnittsfläche der Wand, die mit dieser Druckkraft beaufschlagt ist. Die zulässige Spannung ist der sogenannte „Grundwert der zulässigen Spannung" σ_o, der lediglich abhängt von der Art des verwendeten Ziegels („Steinfestigkeit") und Mörtels („Mörtelgruppe").

1.4

Ausführlichere statische Berechnungen

Ausnahmen oder Sonderfälle, bei denen die unter 1.3 genannten geometrischen Randbedingungen nicht erfüllt sind, werden in Abs. 2 angesprochen. In diesen Fällen ist für die betroffen Bauteile im vereinfachten Spannungsnachweis nach DIN 1053 Teil 1 die Berücksichtigung verschiedener Einflüsse vorgeschrieben.

Wesentliche Kenngröße für den Spannungsnachweis einer Wand ist deren „Schlankheit", das Verhältnis von Knicklänge h_k zu Wanddicke d. Die Knicklänge einer Wand ist die lichte Geschosshöhe, reduziert mit einem Faktor β, der die seitliche Festhaltung und die Art des Deckenanschlusses berücksichtigt. Der Faktor β liegt zwischen 1,0 (zweiseitig gehaltene Wand, keine Einspannwirkung durch Stahlbetondecken) und 0,35 (vierseitig gehalten, Abstand der seitlichen Festhaltung 2,00 m). Der Wert h_k/d darf 25 nicht übersteigen.

Der Grundwert der zulässigen Spannung σ_0 muss mit einem Faktor „k" abgemindert werden, der sich aus Einzelfaktoren k_1 und k_2 oder k_3 zusammensetzt. Die Abminderungsfaktoren berücksichtigen die Wandlänge ($k_1 = 1,0-0,8$), die Schlankheit ($k_2 = 1,0-0$) und die Einflüsse von Deckendurchbiegungen (Auflagerdrehwinkel) bei Deckenspannweiten zwischen 4,20 m bis 6,00 m ($k_3 = 1,0-0,7$). Auf die Ermittlung der angesprochenen Beiwerte soll hier nicht näher eingegangen werden; es wird auf DIN 1053 Teil 1 (7.2) verwiesen.

2

Sondersituationen („Störungen", „Sonderfälle")

Die ausführliche statische Berechnung bezieht sich bei den hier betrachteten einfachen Haustypen auf Dachstuhl, Decken, Betonbauteile und Fundamente/Gründung. Die Mauerwerkswände können in der Regel entsprechend Abs. 1.3 nachgewiesen werden. Sondersituationen können Berechnungen entsprechend Abs. 1.4 erforderlich machen oder müssen konstruktiv besonders berücksichtigt werden.

2.1

Störungen im Gesamtgefüge

Das Gesamttragwerk „Wände und Decken" wird geschwächt, wenn die Verbindung der Elemente untereinander gestört ist. Unterschieden werden zwei wesentliche Fälle:

a

Fehlende Verbindung zwischen Wand und Decke, z. B. an großen Deckenöffnungen in Bereichen mit Galerien oder Treppen, wo Räume (und damit Wände) zweigeschossig werden.

b

Decken sind keine Scheiben (z. B. Holzbalkendecken oder Ziegeldecken ohne Aufbeton).

2.2

Störungen im Element Mauerwerkswand

Die Standsicherheit des Tragelements „Wand" kann beeinträchtigt werden, wenn lokale Störungen die Festhaltung im Gesamtgefüge unterbrechen oder die Wandstärke verringern:

a

Wandöffnungen (Fenster, Türen) unterbrechen die Wandscheibe bereichsweise, die Fensterpfeiler stellen „freie Ränder" dar, an denen die Wand nicht seitlich gestützt ist. Die Schlankheit der Wand wird größer, die Tragfähigkeit geringer.

b

Horizontale Schlitze in Wänden reduzieren den statisch wirksamen Querschnitt; vertikale Schlitze oder Nischen können ab bestimmten Tiefen die Wanddicke so sehr schwächen, dass sich deren Schlankheit vergrößert, da sie an diesen Stellen mit „freiem Rand" zu berechnen ist. Bis zu bestimmten Tiefen (abhängig von der Länge) sind Schlitze zugelassen, die nicht besonders berücksichtigt werden müssen. Dabei wird unterschieden nach der Art der Herstellung (Fräsen oder Stemmen). Näheres regelt DIN 1053, Tabelle 10.

2.3

Sonderfall Pfeiler

Gemauerte Pfeiler werden in der Regel mit kleinformatigen Steinen erstellt. Sie stellen in zweifacher Hinsicht Sondersituationen dar:

a

Die seitliche Festhaltung der „kurzen Wand" fehlt beidseits, Pfeiler sind also immer nur zweiseitig gehalten. Pfeilerquerschnitte unter 0,10 m² dürfen nur zu 80% ausgenützt werden, unter 0,04 m² sind sie als tragende Bauteile nicht zulässig.

b

Pfeiler sind in der Regel Stellen, an denen sich Lasten aus darüberliegenden Decken oder Wänden konzentrieren. Die Tragfähigkeit für diese erhöhten Lasten muss nachgewiesen werden.

2.4
Sonderfall Kellerwand (erdberührt)

Gemauerte Kelleraußenwände werden durch den Erddruck des angefüllten Erdreichs belastet. Diese Horizontallast ist um ein Vielfaches größer als die Horizontallast aus Wind. Der Erddruck bewirkt in der Wand Biegung, die ihrerseits Zug- und Druckspannungen hervorruft. Da planmäßige Zugspannungen im Mauerwerk nicht zugelassen sind, ist eine Überlagerung mit entsprechenden Druckspannungen (Mindestauflast!) erforderlich. Andererseits darf die Auflast nur so groß sein, dass die Biegedruckspannungen ebenfalls noch aufgenommen werden können (Höchstauflast!). Bei Einhaltung von Mindest- und Höchstwerten bei den Auflasten kann auf eine genaue statische Berechnung verzichtet werden (siehe Abs. 3.4).

3
Maßnahmen zur Berücksichtigung der Störungen/Sonderfälle

Die in Abs. 2.1 beschriebenen Störungen erfordern in der Regel zusätzliche konstruktive Maßnahmen. Unter Umständen können aber durch genaue statische Berechnungen die Nachweise der Standsicherheit erbracht werden und Zusatzmaßnahmen entfallen.

3.1
Störungen im Gesamttragwerk „Wände und Decken"

a
Die fehlende horizontale Festhaltung der Wand durch die Decke (z. B. große Deckenöffnungen, Galerien, Treppen) wird konstruktiv durch die Anordnung eines Ringbalkens auf Höhe der Decke parallel zur Öffnung gelöst. Dieser kann entfallen, wenn die an diesen Stellen zweigeschossigen Wände statisch nachgewiesen werden. Dieser Nachweis ist möglich bei entsprechender seitlicher Festhaltung durch Querwände („dreiseitig gehaltene Wand").

b
Decken, die nicht als Scheiben ausgebildet sind (z. B. Holzbalken- oder Ziegeldecken ohne Aufbeton), können bei entsprechender Verankerung (siehe Abs. 1.2) horizontale Festhaltungen für die Wände darstellen. Konstruktiv besser ist aber immer die Anordnung von Ringbalken-/Ringankersystemen, also die Festhaltung und Kopplung der Wände in Höhe der Decke durch Betonbauteile. In Sonderfällen sind Ringbalken-/Ringankersysteme als „bewehrtes Mauerwerk" möglich.

Ringanker/Ringbalken:
Die Breite ergibt sich durch die Wanddicke abzüglich der erforderlichen Dämmung. Die Höhe entspricht sinnvollerweise einer Ziegelschicht. Ringbalken und -anker müssen bewehrt werden.

Bewehrtes Mauerwerk:
Bewehrungstähle in den Lagerfugen müssen korrosionsgeschützt sein (verzinkt, ummantelt oder aus Edelstahl). Ringbalken in bewehrtem Mauerwerk sind nur mit entsprechenden Steinlochungen zulässig (Lochanteil unter 35 %, Stege nicht gegeneinander versetzt). Diese Forderung wird von großformatigen Porenziegeln nicht erfüllt. Bewehrtes Mauerwerk ist deshalb als Sonderlösung anzusehen, die in der Praxis selten Anwendung findet und bei den betrachteten einfachen Gebäuden nicht angeraten wird.

3.2
Störungen im Element Mauerwerkswand

a
Wandöffnungen (Fenster, Türen) sind zu überbrücken mit Ziegel- oder Betonstürzen oder freitragend durch die Stahlbetondecke („deckengleiche Unterzüge"). Kritische Punkte können dabei die Auflagerstellen werden (Wandende oder Pfeiler), da hier die Lastkonzentration höhere Spannungen ergibt und die Festhaltung der Wand nur zwei- oder dreiseitig gegeben ist, was eine Berücksichtigung der Knickgefahr erfordert (siehe Abs. 1.4).

Ziegelstürze:
Ziegelstürze sind vorgefertigte Zuggurte für ein Tragelement aus Sturz und gemauerter oder betonierter Druckzone. Die Tragfähigkeit von Ziegelstürzen wird in der Regel durch eine Typenstatik in Abhängigkeit von Breite, Höhe und Spannweite angegeben. Die maximal zugelassene Spannweite von Ziegelstürzen beträgt 3,00 m.

Betonstürze
Stürze ohne Verbund mit Stahlbetondecken sind zu dimensionieren wie Ringanker und -balken. Bei h = 24 cm sind je nach Auflast Spannweiten von ca. 3,00 m – 4,00 m möglich. Bei Verbund Sturz/Decke sind die Sturzhöhen sinnvoll zu wählen mit: Deckendicke (z. B. 16 cm) plus Ziegelschicht (25 cm) ergibt 41 cm. Damit sind je nach Auflast Spannweiten von 5,00 m – 6,00 m möglich.

Stahlbetondecke:

Stahlbetondecken können bei entsprechender Bewehrung mit „deckengleichen Unterzügen" auch ohne Sturzverstärkung Öffnungen überspannen. Mögliche Spannweiten richten sich nach Deckendicke, Deckenspannrichtung und Auflast. Deckengleiche Unterzüge mit Auflasten aus Wänden sind kritisch hinsichtlich der Durchbiegung (Risse in den darüberstehenden Wänden!). Ohne Wandauflasten sind Spannweiten von 3,00 – 4,00 m möglich.

b
Horizontale Schlitze mit Abmessungen über den in DIN 1053, Tab. 10 genannten Maßen müssen statisch nachgewiesen werden. Hier ist der Spannungsnachweis mit Berücksichtigung der Ausmitte „e" zu führen. Es treten zusätzliche Biegespannungen aus dem Moment $M = N \times e$ auf. Das Nachweisverfahren wird in 3.4 angesprochen.

3.3
Sonderfall Pfeiler

Für Pfeiler können bei großer Schlankheit oder hohen Lasten fallweise konstruktive Sonderlösungen erforderlich werden. Bei Überschreiten der zulässigen Spannung bei festgelegten Pfeilerabmessungen kann es sinnvoll sein, Steinfestigkeit und/oder Mörtelgüte zu erhöhen. Der Einsatz von Stahlbetonpfeilern oder gar Stahlstützen ist in manchen Fällen unumgänglich.

3.4
Sonderfall Kellerwand (erdberührt)

Der Nachweis erdberührter, gemauerter Kelleraußenwände für Druck (Auflast) und Biegung (Erddruck) kann entfallen, wenn verschiedene Vorgaben (Auflast/Geometrie) eingehalten sind.

Geometrische Randbedingungen:
– max. 2,60 m lichte KG-Höhe
– max. 2,50 m Aufschüttung

Die Belastung der Aufschüttung aus Verkehrslasten darf maximal 5,0 kN/m² betragen.
Mindest- und Höchstauflasten sind wie folgt geregelt:

Wandstärke	Mindestauflast
24,00 cm	7,50 kN/m
30,00 cm	5,00 kN/m
36,50 cm	4,00 kN/m

Die Höchstauflast darf nur so groß sein, dass die Druckspannung daraus maximal 45 % der zulässigen Druckspannung des Mauerwerks erreicht.

Bei den hier betrachteten Haustypen mit 36,5 cm dicken Außenwänden wird die erforderliche Mindestauflast normalerweise erreicht durch das Eigengewicht der aufliegenden KG-Decke und der darüberstehenden EG-Wand. Problematisch sind allenfalls Bereiche mit Öffnungen in der KG-Decke (Treppen) oder fehlende Außenwände im EG. Hier sind fallweise Nachweise erforderlich, unter Umständen auch konstruktive Maßnahmen (z. B. Ringbalken oder bewehrtes Mauerwerk). Die Höchstauflast wird bei diesen Haustypen auch bei geringen Steinfestigkeiten der KG-Wand im Normalfall nie erreicht.

Sind die oben genannten Bedingungen nicht eingehalten, muss ein genauer Spannungsnachweis für die Überlagerung der Biegespannung (Zug und Druck) $\sigma_\beta = +/- M/W$ mit der Druckspannung aus der Auflast $\sigma_D = N/A$ geführt werden. Biegezugspannungen müssen dabei duch die Druckspannungen aus der Auflast überdrückt sein. Das gleiche Rechenverfahren ist anzuwenden bei einer ausmittigen Druckbelastung, wie in Abs. 3.2 b angesprochen.

Putz auf Ziegelmauerwerk
von Dr.-Ing. Peter Roeke

1.
Vorbemerkung
Die Putze haben zum einen die Aufgabe, die Bausubstanz zu schützen und zum anderen werden sie aus gestalterischen Gründen aufgebracht.

Dass Letzteres eine besonders große Bedeutung hat, ist an den vielfältigen Oberflächengestaltungen und Farben der Putze erkennbar. Es wird aber auch in der Praxis dokumentiert durch die vielen Beanstandungen des Aussehens der Putzoberflächen.

Hier wird erkennbar, welche große Bedeutung den optischen Eigenschaften des Putzes beigemessen wird.

Hinsichtlich des Aussehens werden vor allem beanstandet:

– Rissbildungen
– Putzablösungen
– Farbunterschiede (Streifen oder Fleckenbildung)
– Strukturunterschiede des Oberputzes
– Ungleichmäßige Oberflächen; Versätze
– Ungleichmäßige Kantenführung an Gebäudeecken und Wandöffnungen
– Unsaubere Anschlüsse an andere Bauteile.

Bei sorgfältiger Auswahl und Verarbeitung des Putzmörtels und Beachtung der allgemein anerkannten Regeln der Technik bei der Detailausbildung sind derartige Mängel zu vermeiden. Dabei sollen diese Anmerkungen helfen.

2.
Normung
Das Normwerk für die heute verwendeten Putze ist die DIN 18550 mit ihren Teilen 1 bis 4.

DIN 18550 Teil 1, Putz
– Begriffe und Anforderungen

DIN 18550 Teil 2, Putz
– Putze aus Mörteln mit mineralischen Bindemitteln – Ausführung

DIN 18550 Teil 3, Putz
– Wärmedämmputzsysteme aus Mörteln mit mineralischen Bindemitteln und expandiertem Polystyrol (EPS) als Zuschlag

DIN 18550 Teil 4, Putz
– Putze mit Zuschlägen mit porigem Gefüge (Leichtputze) – Ausführung

DIN 18558 Kunstharzputze

3.
Putzarten
Die Norm definiert Putze als Beläge aus Putzmörteln und Beschichtungsstoffen.

Die Putze werden in einer bestimmten Dicke ein- oder mehrlagig hergestellt. Die endgültigen Eigenschaften erhält der Putz erst nach der Verfestigung am Baukörper und in Verbindung mit diesem.

Es werden nachfolgende Putzarten entsprechend ihrer Ausgangsstoffe unterschieden:

3.1
Putze mit mineralischen Bindemitteln
Der Putzmörtel, aus dem diese Putze hergestellt werden, ist ein Gemisch aus Bindemitteln, Zuschlägen und Wasser. Dazu kommen vor allem in jüngerer Zeit Zusätze, die die Eigenschaften des Putzes und die Verarbeitbarkeit des Putzmörtels beeinflussen.

Die Norm unterscheidet bei den Zusätzen:
Zusatzmittel und Zusatzstoffe

● *Zusatzmittel*
Sie beeinflussen die Mörteleigenschaften durch chemische und/oder physikalische Wirkung. (Luftporenbildner, Dichtungsmittel, Erstarrungsverzögerer, Erstarrungsbeschleuniger, Stabilisierer zur Erhöhung des Wasserrückhaltevermögens und Zusätze, die den Haftverbund zwischen Putzmörtel und Putzgrund verbessern sollen)
● *Zusatzstoffe*
Zusatzstoffe im Sinne der Norm sind fein aufgeteilte Zusätze, die die Mörteleigenschaften beeinflussen und deren Stoffraumanteil im Gegensatz zu den Zusatzmitteln im Regelfall zu berücksichtigen ist.
(Füllstoffe, z. B. Gesteinsmehl zur Verbesserung der Verarbeitbarkeit; Pigmente bei gewünschter Einfärbung)

Die Norm unterscheidet folgende Putzarten hinsichtlich der zu erfüllenden Aufgaben:

– Putze, die allgemeinen Anforderungen genügen
– Putze, die zusätzlichen Anforderungen genügen
  ● wasserhemmender Putz
  ● wasserabweisender Putz
  ● Außenputz mit erhöhter Festigkeit
  ● Innenwandputz mit erhöhter Abriebfestigkeit
  ● Innenwand- und Innendeckenputz für Feuchträume

– Putze für Sonderzwecke
  ● Wärmedämmputz
  ● Putz als Brandschutzbekleidung
  ● Putz mit erhöhter Strahlungsabsorption

3.2
Putze mit organischen Bindemitteln

Bei diesen Putzen handelt es sich um Kunstharzputze, die eine Beschichtung mit putzartigem Aussehen ergeben.

Werden sie auf einen mineralischen Unterputz aufgetragen, muss dieser einen Grundanstrich erhalten. (Nähere Angaben zu Kunstharzputzen sind in DIN 18558 enthalten).

Bindemittel der Kunstharzputze sind Kunstharze. Die anderen Komponenten, wie Sand und Füllstoffe, sind die gleichen wie bei den mineralischen Putzen.

Sie werden vorwiegend eingesetzt als

- Oberputz auf mineralischen Unterputzen oder anderen mineralischen Untergründen.
- Deckputz bei Wärmedämmverbundsystemen.

3.3.
Silikatputze

sind den Kunstharzputzen verwandt. Sie unterscheiden sich von diesen aber durch das Bindemittel. Das Bindemittel der Silikatputze besteht aus Kaliwasserglas mit Dispersionszusatz zur Stabilisierung.

Die Wasserdampfdurchlässigkeit ist bei Silikatputzen höher als bei Kunstharzputzen.

Aufgrund dieser Eigenschaft erfolgt der Einsatz z.B. bei historischen Gebäuden, und, wenn die Nichtbrennbarkeit nachgewiesen ist, auch als Deckputz bei Wärmedämmverbundsystemen.

Auf Untergründen aus Holz, Holzwerkstoffen und Kunststoffen sind sie nicht einsetzbar.

4.
Putze

Die Norm unterscheidet Putzmörtel und Beschichtungsstoffe.

4.1
Putzmörtel

Die Putzmörtel werden von der Norm den Putzmörtelgruppen PI bis PV zugeordnet.

Putzmörtelgruppen

Putzmörtel-gruppe[1]	Art der Bindemittel
P I	Luftkalke[2], Wasserkalke, Hydraulische Kalke
P II	Hochhydraulische Kalke, Putz- und Mauerbinder, Kalk-Zement-Gemische
P III	Zemente
P IV	Baugipse ohne und mit Anteilen an Baukalk
P V	Anhydritbinder ohne und mit Anteilen an Baukalk
[1] Weitergehende Aufgliederung der Putzmörtelgruppen siehe DIN 18550 Teil 2, Ausgabe Januar 1985, Tabelle 3 [2] Ein begrenzter Zementzusatz ist zulässig	

Sie bestehen aus einem oder mehreren Bindemitteln, den Zuschlagstoffen und Wasser, mitunter auch mit Zusätzen.

Der überwiegende Kornanteil des Zuschlages ist zwischen 0,25 und 4 mm groß. Bei Oberputzen kann der Kornanteil mit Korngröße >4 mm überwiegen.
Die Korngröße hat einen großen Einfluss auf das Schwindvermögen des Putzes. Je kleiner das Zuschlagkorn, um so größer ist die Schwindneigung. Mörtel aus Baugipsen und Anhydritbinder sind überwiegend ohne Zuschläge.

Putzmörtel werden weiterhin unterschieden nach dem Zustand und dem Ort der Herstellung.

- Zustand:
  Frischmörtel (gebrauchsfertig verarbeitbar)
  Festmörtel (verfestigt)
- Ort der Herstellung:
  Baustellenmörtel (wird auf der Baustelle aus den Ausgangsstoffen zusammengesetzt und gemischt)
  Werkmörtel (im Werk aus den Ausgangsstoffen zusammengesetzt und gemischt)

5.

Beschichtungsstoffe

für die Herstellung der Kunstharzputze bestehen aus organischen Bindemitteln und Zuschlägen bzw. Füllstoffen.

Der überwiegende Kornanteil der Zuschläge beträgt > 0,25 mm.

Die Fertigung erfolgt im Werk.

6.

Unterscheidung der Putze nach ihrem Einsatz

6.1

Putz für allgemeine Anforderungen (Normalputze)

Diese Putze sind normiert in der DIN 18550, Teile 1 und 2.

6.2

Leichtputze

Die Putze sind wie Normalputze mineralisch ge-bunden. Im Gegensatz zu diesen weisen sie je-doch eine begrenzte Rohdichte auf.

Die geringere Rohdichte wird durch minerali-sche und/oder organische Zuschläge mit porigem Gefüge erreicht.

Zur Ausführung der Leichtputze enthält die DIN 18 550 im Teil 4 die entsprechenden Fest-legungen.

Leichtputze und die dazugehörigen Oberputze müssen aus Werktrockenmörteln hergestellt werden.

Druckfestigkeit der Leichtputze (MG P II): zwischen 2,5 N/mm^2 und 5,0 N/mm^2.

Rohdichte der Leichtputze: zwischen 0,6 kg/dm^2 und 1,3 kg/dm^2

Wenn der Leichtputz der Mörtelgruppe P II ent-spricht, soll für den Oberputz die Druckfestigkeit den Mörtelgruppen P I c oder P II entsprechen.

Aufgrund ihrer Verformungseigenschaften eig-nen sich Leichtputze besonders für Mauerwerk aus wärmedämmenden porosierten Leichthoch-lochziegeln.

Leichtputze sind keine Dämmputze.
Auf Leichtputz darf im Außenbereich kein organi-scher Oberputz, wie Kunstharzputz, aufgetragen werden.

6.3

Wärmedämmputze

Sie wurden speziell für eine gute Wärme-dämmung entwickelt und weisen eine erheblich geringere Rohdichte als Leichtputze auf.

Wärmedämmputze erreichen Wärmeleitrechen-werte $\lambda_R = 0,07$ W/mK.

Sie werden als Werktrockenmörtel hergestellt. Genormt sind z. Zt. Wärmedämmputzsysteme mit mineralischen Bindemitteln und expandiertem Polystyrol (EPS) als Zuschlag in der DIN 18 550, Teil 3.

Die Druckfestigkeit des Festmörtels muss mindestens 0,8 N/mm^2 betragen und darf 3,0 N/mm^2 nicht überschreiten. Neben Polystyrol als Zuschlag, in der vorgenannten Norm geregelt, werden verstärkt mineralische Zuschläge verwen-det (z. B. Perlit und Glasschaum-Rundkugeln). Diese erreichen jedoch in der Regel nicht die vor-genannten Rechenwerte der Wärmeleitfähigkeit.

6.4

Sanierputze

Sanierputze weisen eine hohe Porosität und Wasserdampfdurchlässigkeit auf. Die kapillare Leitfähigkeit ist erheblich vermindert.

Sanierputze werden zum Verputzen von feuch-tem und/oder salzhaltigem Mauerwerk verwendet. Der hohe Luftporengehalt ermöglicht die Auskris-tallisation von Salzen im Putz. Damit werden die Salze im Putz gehalten und eingelagert und gelan-gen nicht an die Putzoberfläche.

Durch die hohe Wasserdampfdurchlässigkeit wird die Austrocknung des Mauerwerkes begünstigt.

7.

Putzsysteme

Das Putzsystem wird von der Norm definiert als die Gesamtheit aller Lagen eines Putzes in Verbin-dung mit dem Putzgrund.

Auch ein einlagiger Putz kann als Putzsystem bezeichnet werden.

Das Putzsystem in seiner Gesamtheit muss die gestellten Anforderungen erfüllen.

Die Eigenschaften der verschiedenen Putzlagen eines Systems müssen aufeinander abgestimmt sein. Gleiches gilt für die Abstimmung zwischen Putz und Putzgrund. Gegebenenfalls ist eine Putz-grundvorbereitung erforderlich.

Bis auf begründete Ausnahmen, wie z. B. Keller-wandaußenputz und Sockelputz, soll bei Putzen mit mineralischen Bindemitteln die Festigkeit des Oberputzes geringer als die des Unterputzes bzw. gleich sein.

Dieses Prinzip gilt auch für die Abstimmung zwi-schen Unterputz und Putzgrund sinngemäß.

8.
Anwendungsarten

8.1
Außenputze

8.1.1
Allgemeines

Grundsätzlich wird beim Außenputz unterschieden:
- Außenwandputz oberhalb des Sockels
- Außensockelputz
- Kellerwand-Außenputz, der an Erdreich grenzt
- Außendeckenputz (Unterseite von Decken, die an Außenluft grenzen).

8.1.2
Putz oberhalb des Sockels

Die Außenputze müssen witterungsbeständig sein gegen Einwirkungen von Feuchtigkeit, Temperaturwechsel, Wind usw.

Hinsichtlich des Regenschutzes sind in der DIN 4108 Teil 3 Beanspruchungsgruppen und daraus resultierende Anforderungen festgelegt.

8.1.3
Kellerwand-Außenputz

Im Bereich des angrenzenden Erdreichs ist dieser Putz Träger von Beschichtungen für den Feuchtigkeitsschutz.

Diese Putze müssen aus Mörteln mit hydraulischen Bindemitteln hergestellt werden. Sie müssen ferner eine Druckfestigkeit von mindestens 10 N/mm^2 aufweisen. Wenn die Mörtelgruppe P III verwendet wird, ist ein Nachweis für die Druckfestigkeit nicht erforderlich.

Werden bei Mauerwerk Steine der Druckfestigkeit 6 N/mm^2 oder darunter verwendet, so sollte die Mörteldruckfestigkeit den Wert 10 N/mm^2 nicht wesentlich überschreiten, kann aber darunter liegen ($\geq$5 N/mm^2).

8.1.4
Außensockelputz

Dieser Putz muss ausreichend fest sein. Er darf nur wenig wassersaugend und muss widerstandsfähig gegen Feuchtigkeit und Frost sein.

Putze aus Mörteln mit mineralischen Bindemitteln müssen mindestens eine Druckfestigkeit von 10 N/mm^2 aufweisen. Bei Verwendung von Putzen nachfolgender Tabelle ist ein Nachweis der Druckfestigkeit nicht erforderlich. Bei Verwendung von Steinen der Druckfestigkeit 6 N/mm^2 oder geringer für Mauerwerk ist auch eine geringere Druckfestigkeit zulässig (aber mind. 5 N/mm^2). Es müssen jedoch die Anforderungen an wasserabweisende Putzsysteme erfüllt werden.

Außensockelputz

Mörtelgruppe bzw. Beschichtungsstoff-Typ für		
Unterputz	Oberputz[1]	Zusatzmittel
–	P III	
P III	P III	ohne
P III	P Org 1	
–	P Org 1[2]	

[1] Oberputze können mit abschließender Oberflächengestaltung oder ohne diese ausgeführt werden (z. B. bei zu beschichtenden Flächen).
[2] Nur bei Beton mit geschlossenem Gefüge als Putzgrund.

8.2
Innenputze

Diese Putze müssen die üblichen Anforderungen erfüllen, wie z. B. Tragschicht von Anstrichen und Tapeten.

Die Druckfestigkeit muss mind. 1,0 N/mm^2 betragen.

Der Nachweis der Druckfestigkeit ist nicht erforderlich, wenn die in der DIN 18550 Teil 1 den Anforderungen bzw. Anwendungen zugeordneten Putzsysteme gewählt werden.

9.
Putzdicke

Die Erfüllung physikalischer und sonstiger Anforderungen erfordert die Einhaltung einer Mindestputzdicke. Auch die Putzdicke nach oben ist zu begrenzen.

Die Norm gibt für den Putz bei allgemeinen Anforderungen folgende mittlere Dicke an:

Außenputz:
20 mm (zulässige Mindestdicke 15 mm)

Innenputz:
15 mm (zulässige Mindestdicke 10 mm) einlagige Innenputze aus Werktrockenmörtel 10 mm (zulässige Mindestdicke 5 mm)

Die zulässige Mindestdicke muss sich auf einzelne Stellen beschränken.

Bei zusätzlichen Anforderungen ist die Putzdicke entsprechend den Erfordernissen zu wählen.

Außenputz, als einlagiger wasserabweisender Putz aus Werktrockenmörtel: mittlere Dicke 15 mm (Mindestdicke 10 mm).

Die mittlere Dicke des Leichtputzes als Unterputz soll außen in der Regel 15 mm betragen. Auch hier muss sich die Mindestdicke auf einzelne Stellen beschränken.

Als Mindestdicke von Wärmedämmputzen werden 20 mm angegeben.
In der Regel wird jedoch, um die erhöhte Wärmedämmung zu erzielen, die Putzdicke größer sein.

Der Putz sollte eine gleichmäßige Dicke aufweisen.

10.
Putzgrund

Der geeignete Putzgrund ist die Voraussetzung für einen dauerhaften, schadensfreien Putz.

Die Beschaffenheit des Putzgrundes ist von wesentlichem Einfluss auf die Haftung des Putzes.

Die dahingehende Prüfung des Putzgrundes ist deshalb von besonderer Wichtigkeit. Sie muss von dem Auftragnehmer der Putzarbeiten durchgeführt werden. Beanstandungen sind schriftlich vorzubringen.

Erforderliche Arbeiten zur Mängelbeseitigung am Putzgrund liegen in der Verantwortung des Auftraggebers (VOB Teil B – DIN 1961 § 4 Absatz 3).

Bedingungen für einen geeigneten Putzgrund:

– Der Putzgrund muss trocken, staubfrei, sauber, fest und tragfähig sein.
– Sichtbare putzschädigende Ausscheidungen sind zu beseitigen. Kalkauslaugungen und geringfügige Ausblühungen sind unschädlich.
– Der Putzgrund muss so maßgerecht sein, dass der Putz in gleichmäßiger Dicke aufgetragen werden kann.
– Mauerwerk als Putzgrund muss den Vorgaben der DIN 1053 entsprechen:
  • Es muss vollfugig gemauert sein.
  • Bei der Ausführung von mörtelfreien Stoßfugen sind diese, wenn sie breiter als 5 mm sind, mit geeignetem Mauermörtel an der Außenseite beidseitig zu schließen.
  • Das vorgeschriebene Überbindemaß muss eingehalten sein.
  • Fehlstellen, offene Mörteltaschen und offene Stirnseiten von Zahnziegeln sind mit Mauermörtel zu verfüllen.

Die erforderliche Vermörtelung sollte mit der Errichtung des Mauerwerkes erfolgen. Wird nachträglich vermörtelt, ist eine Standzeit von mindestens 4 Wochen bis zum Verputz einzuhalten.

11.
Abhängigkeit von Putz und Putzgrund

Das Putzsystem muss für den vorhandenen Untergrund geeignet sein. Als Erstes muss der geeignete Putz für den vorhandenen Untergrund ausgewählt werden.

Die Auswahl des Putzsystems hängt u. a. ab von
– der Saugfähigkeit des Putzgrundes
– der Beanspruchung während der Nutzung
– den Eigenschaften des Mauerwerkes.

12.
Putzgrundvorbehandlung

Zur Vorbereitung des Putzgrundes gehören alle Maßnahmen, die erforderlich sind, um einen dauerhaften Verbund zwischen Putz und Putzgrund zu sichern.

Nach Prüfung des Untergrundes sind die sich daraus ergebenden vorbereitenden Arbeiten durchzuführen:
– Stark saugender Putzgrund ist gegebenenfalls vorzunässen (Hinweise der Mörtellieferanten beachten).
  Gegebenenfalls sind andere Maßnahmen erforderlich (Aufbrennsperre, Grundierung, volldeckender Spritzbewurf). In jedem Fall sind die Verarbeitungsrichtlinien des Mörtelherstellers zu beachten.
– Für stark saugendes Mauerwerk werden von der Mörtelindustrie geeignete Putzmörtel angeboten. Bei ihnen ist das Wasserrückhaltevermögen des Unterputzes auf das Saugvermögen abgestimmt.
– Bei schwach saugendem Putzgrund ist ein warzenförmig aufgetragener Spritzbewurf zur Verbesserung der Putzhaftung zu wählen.
  Die ausreichende Putzhaftung kann auch durch andere Maßnahmen wie Haftbrücke oder Grundierung erreicht werden.
– Besteht der Putzgrund aus verschiedenartigen Materialien mit unterschiedlichem Wassersaugvermögen, so ist ein volldeckender Spritzbewurf erforderlich, um ein einheitliches Wassersaugvermögen zu erreichen.
– Weist der Putzgrund Bauteile aus Materialien auf, die sich als Putzgrund nicht eignen, sind Putzträger erforderlich.
– Sind aufgrund der Konstruktion bzw. Detailausbildung Spannungen im Putz zu erwarten, so ist eine Putzbewehrung vorzusehen.
– Holzwolle-Leichtbauplatten sind mit einem Spritzbewurf zu versehen.
  Der Putz ist in derartigen Bereichen zu bewehren.
– Grundsätzlich sind die Anweisungen der Putzmörtelhersteller in bezug auf den Putzgrund und die einschlägigen Merkblätter zu beachten.

13.
Prüfung des Putzgrundes

– Durch Augenschein auf:
  - Risse
  - Feuchtigkeit
  - Staub und lockere Teile auf der Oberfläche
  - Beläge oder Fremdstoffe auf der Oberfläche
  - Ausblühungen
  - Beschädigungen
  - überstehende Mörtelstücke
  - grobe Unebenheiten
  - nicht vollfugig hergestellte Stoß- und Lager-
    fugen (vorwiegend Untergrund für Außenputz)
  - zu breite unvermörtelte Stoßfugen
  - Einhaltung des Überbindemaßes
  - Prüfung der Festigkeit (Kratzprobe)

– Durch Benetzprobe mit Wasser auf:
  - Saugfähigkeit des Untergrundes
  - unterschiedliche Saugfähigkeit bei verschiede-
    nen Untergründen, gegebenenfalls auch bei
    verschiedenen Ziegeln
  - zu hohe Feuchtigkeit (keine Verfärbung)
  - Trennmittel u. ä. bei z. B. Betonteilen,
    Holzwolleleichtbauplatten

– Durch Messen auf:
  - Unebenheiten der Wandoberfläche
    (Messlatte, Lot usw.)
  - Oberflächentemperatur und Lufttemperatur

14.
Ausführung des Putzauftrages

– Vor Beginn des Putzauftrages sollten die bau-
  stoffspezifischen Verformungen des Putzgrundes abgeschlossen sein.
– Bei Verwendung eines Spritzbewurfes muss
  dieser ausreichend fest sein.
– Der Putzgrund muss frostfrei sein
  (nicht unter +5° C).
– Aufgrund der Inhaltstoffe (z. B. Additive) im
  Werktrockenmörtel ist vom Anwender in der
  Regel die Eigenschaft des Putzes nicht mehr zu
  erkennen.
  Deshalb ist ein enger Kontakt mit der Baubera-
  tung des Herstellers des Werktrockenmörtels
  dringend angeraten.
– Bei Außenputz sollte der Unterputz, vor allem
  wenn kein Spritzbewurf verwendet wurde, in
  zwei Arbeitsgängen aufgetragen werden.
  Der erste Auftrag gleicht dabei die Unregelmäßigkeiten aus (ca. 7 bis 10 mm). Erst wenn
  der erste Auftrag angesteift ist (nach einer

Standzeit von mindestens 3 Stunden oder länger,
je nach Saugfähgkeit des Untergrundes), wird
der zweite Auftrag des Unterputzes aufgebracht.
Nach der üblichen Standzeit (1 Tag/mm Putzdicke) wird der Oberputz aufgetragen.
  Die führenden Mörtelhersteller weisen in
ihren Merkblättern darauf hin, dass der Mörtel
zum ordnungsgemäßen Abbinden ausreichend
Wasser benötigt. Bei dünnem Auftrag oder zu
rascher Austrocknung ist die fertige Putzfläche
ein- oder mehrmals nachzunässen.
– Werden Anstriche auf Oberputze aufgebracht,
  so dürfen diese nicht auf frischen Putzen
  erfolgen.
  Die Anstriche müssen ausreichend durch-
lässig für Wasserdampf sein. Der Untergrund
(Oberputz) muss für den Anstrich tragfähig sein.
Die Farbe muss auf den Putz abgestimmt sein.

15.
Empfehlungen für einen schadenfreien Putz

15.1
Schwinden
  Mit dem Erhärtungsvorgang des Putzes ist ein
Schwinden verbunden.
  Jeder Putz, nicht zuletzt auch der wegen seiner
gewünschten Maschinengängigkeit eine geringe
Korngröße aufweisende Putz, hergestellt aus den
heute angebotenen Werkmörteln, ist nach der
Verarbeitung mehr oder weniger großen Schwind-
vorgängen unterworfen.
  Diese Schwindvorgänge verursachen im Putz
Spannungen und als Folge Verformungen. Können
die Schwindspannungen auf den Untergrund
übertragen werden, bleibt der Putz in der Regel
rissefrei.
  Voraussetzung ist ein guter Verbund zwischen
Putz und Putzgrund. Wenn dieser Verbund fehlt,
kann der Spannungsabbau nicht erfolgen und der
Putz reißt im hohlliegenden Bereich. Die durch
Schwinden entstandenen Zugspannungen sind
größer als die Zugfestigkeit des Putzes.
  Es ist aus diesem Grund eine durchgehende
Auflage des Putzes über der gesamten Putzgrund-
oberfläche notwendig.
  Liegt der Putz, z. B. über den Fugen, hohl, so
fehlt die Haftung und der Putz reißt in diesem
Bereich. Der Rissverlauf wird dem Fugenverlauf
folgen. Ursache für die Rissbildung ist damit nicht
der Ziegel bzw. das Ziegelmauerwerk an sich,
sondern der Putz in Verbindung mit mangelhafter
Haftung über der Fuge. Die Fuge bestimmt damit
den Rissverlauf. Aus diesem Grund ist es unbedingt erforderlich, „vollfugig" zu mauern.

Risse im Fugenverlauf können auch noch andere Ursachen haben.

Wenn der Fugenmörtel (Mauermörtel) eine geringere Saugfähigkeit als der Ziegel aufweist, wird der Putz über der Ziegelfläche früher erhärten und die Zugspannungen aufgrund von Schwinden bewirken bei dem über der Fuge noch feuchteren und damit weicheren Putz die Rissbildung.
Für Abhilfe kann das Annässen der Ziegelfläche sorgen, auch unter Beachtung der Verarbeitungsrichtlinien des Mörtelherstellers.

Das Maß der unterschiedlichen Gegebenheiten hängt auch von der Putzdicke ab, und nicht zuletzt spielt auch der Fugenabstand eine gewisse Rolle. Ist die Putzschicht zu dünn, wird sich der Einfluss der Fuge stärker bemerkbar machen.

Auch unterschiedliche Putzdicken führen zu unterschiedlichen Festigkeiten im Putz.

Hat der Putz über der Ziegelfläche eine geringe Haftung, z. B. wegen der ungenügenden Abstimmung der Eigenschaften von Putz und Ziegelscherben, löst er sich aufgrund der Spannungen ab und reißt. Dieses Rissbild wird dann einen netzartigen Verlauf aufweisen.

Die unzureichende Haftung des Oberputzes am Unterputz als Folge z. B. handwerklicher Fehler, kann ebenfalls die Ursache für die Trennung beider Lagen sein. Wird z. B. versäumt, den Unterputz aufzurauhen oder bei warmem Wetter anzunässen, kann das zu mangelhaftem Verbund führen. Das ist auch die Folge, wenn der Oberputz fester als der Unterputz ist.

Die Bauausführenden sind gut beraten, sich an das bewährte Festigkeitsgefälle von innen nach außen zu halten und den vereinzelt in jüngster Zeit geäußerten, anders lautenden Aussagen, keine Beachtung zu schenken.

Die Putzdicke darf aber auch nicht zu groß sein, da sonst in der Oberfläche des Putzes zu große Spannungen auftreten, die als Folge zur Rissbildung führen. Die an der Oberfläche entstehenden Schwindspannungen können nicht mehr im erforderlichen Maß abgebaut werden, da der Abstand von der Oberfläche zum Putzgrund zu groß und die Übertragung der Spannungen auf den Putzgrund nicht im erforderlichen Maß wirksam wird.

Das Schwinden wird beeinflusst bzw. verstärkt durch:
- hohen Bindemittelanteil
- zu schnellen Wasserentzug
- zu hohen Wasseranteil im Putz
- Sieblinie des Zuschlagmaterials

15.2
Beanspruchung des Putzes

In den meisten Schadensfällen steht Feuchtigkeit in irgendeiner Form damit in ursächlichem Zusammenhang.

Hinsichtlich der kapillaren Wasseraufnahme und -abgabe spielen auch die Bestandteile des Mörtels eine wichtige Rolle.

Je stärker die Einwirkung von Feuchtigkeit, desto stärker ist auch die Beanspruchung des Putzes.

Risse, die oft keinen Anlass zu Beanstandungen geben, werden durch Wassereinwirkung zu einem Schadensfall. Dieser Umstand kann oft vorwiegend an den Wetterseiten beobachtet werden.

16.
Schadensbilder

– Netzartige Risse mit geringer Rissbreite und unregelmäßigem Verlauf (Risse gehen nicht durch gesamte Dicke).

Ursache:
- zu viel Bindemittel im Mörtel
- verunreinigte Zuschlagstoffe
- Putz zu früh, zu lange und zu kräftig verrieben

Schrumpfrisse
- zu schneller Wasserentzug (durch Sonne, hohe Temperatur oder Zugluft)

Netzrisse größerer Rissbreite
(mangelnde Haftung am Putzgrund)
- zu bindemittelreicher Mörtel (Risse gehen durch die gesamte Putzlage durch)
- zu schneller Wasserentzug

Feine Haarrisse, die wenig tief in den Putz hineinreichen
- diese Risse entstehen durch Verreiben des Putzes an der Oberfläche bei bindemittel- und wasserreicher Oberflächenschicht
- feinkörniges Zuschlagmaterial bei glatter Putzoberfläche

Risse, die dem *Verlauf der Mauerwerksfugen* folgen
Hier ist die Beanspruchung des Putzes über der Fuge anders als über dem Stein (unterschiedliche kapillare Wasseraufnahme von Stein und Fugenmörtel und als Folge unterschiedliche Austrocknungsmöglichkeiten).

Ursache:
- Mörtel ist länger feucht, wenn Steine saugfähiger als Mörtel
- mangelhafter Putzgrund (nicht ausreichend verfüllte Fuge)
- Stoßfuge nur an der Außen- und Innenseite geschlossen (Wärmebrücke mit Kondenswasserbildung)

Putz geht blätterteigartig auseinander
- Frosteinwirkung, bevor das überschüssige Mörtelwasser entweichen konnte
- Mörtel war noch nicht fest genug
- Frost geht von außen nach innen und löst durch gefrierendes Wasser den Mörtel schichtweise ab

Geringe Mörtelfestigkeit
- zu wenig Bindemittel; zu schneller Feuchtigkeitsentzug; schlechter Kornaufbau
- bei Verwendung von P I (Kalkmörtel) zu dichter Anstrich (P I braucht regelmäßig Feuchtigkeit, um Festigkeit zu erreichen)

Putzablösung vom Untergrund (bei gutem Verbund zwischen Ober- und Unterputz)
- Verbund ist unzureichend, wenn die Oberfläche zu wenig Wasser absaugt. Der Bindemittelbrei wird nicht im ausreichenden Maß eingesogen (die bindenden Kräfte werden nicht wirksam)
- zu stark saugender Untergrund (Spritzbewurf als steuernde Zwischenschicht zu empfehlen)
- der saugfähige Ziegel ist bei warmen Wetter vorzunässen
- Putz ist nicht auf den Untergrund abgestimmt (durch Aufbrennsperre zu regulieren)

Mangelnde Haftung zwischen Unter- und Oberputz
- nicht vorgenässter Unterputz bei warmen Wetter; Unterputz nicht aufgeraut
- Oberputz fester als Unterputz (dichte Anstriche übertragen beim Austrocknen zusätzliche Spannungen)
- Temperaturgefälle insbesondere bei dünner Putzschale bei Sonnenbestrahlung (geringe Temperaturableitung nach innen, insbesondere bei wärmedämmendem Mauerwerk).

Der Mauerkörper von großformatigem Leichthochlochziegel-Mauerwerk ist hinsichtlich der Wärmedämmung, den heutigen Anforderungen entsprechend, weitaus leistungsfähiger als frühere Mauerwerkskonstruktionen aus kleinformatigen Ziegeln. Diese Entwicklung hatte auch eine Veränderung in der Rohdichte und Festigkeit zur Folge. Im Zusammenbau mit anderen Materialien - vor allem mit Beton - ist ein sorgfältiges Konstruieren erforderlich sowie eine umfassende vorausschauende Abwägung der möglichen Risiken:
Beanspruchungen durch Verformungen auf Grund
• thermischer Vorgänge (Wärme - Kälte, Sonne Schatten, Tag - Nacht, Sommer - Winter...)
• hygrischer Vorgänge (Wasser - Dampf, Regen Schnee - Eis, Bau - und Nutzungsfeuchte und damit verbundenem Schwinden und Quellen)
• stofflich - chemischer Vorgänge

Verformungsabschätzungen oder -berechnungen zusammen mit dem Tragwerksingenieur werden unumgänglich. Dabei sind die Beanspruchungen von aussen (Himmelsrichtung mit Sonneneinstrahlung, Wetterseiten mit Wind und Niederschlag...) in die Risikoabschätzung ebenso einzubeziehen, wie die Beanspruchung aus dem Bauwerk: seiner Grösse und Nutzung, seiner Tragstruktur und der für seine Erstellung verwendeten Baustoffe. Ebenso auch die evtl. vorhandenen baulichen Schutzmaßnahmen wie Dachüberstände, Vordächer, Balkone... bis hin zu Vor- und Rücksprüngen und Anschlägen.

Was folgt daraus für das vorliegende Buch?
Die gezeichneten Ausschnitte sind in sich »stimmig«, bleiben jedoch exemplarische Teilinformationen. Sie müssen auf ihre Umsetzbarkeit und ihre Verträglichkeit im Einzelfall sorgfältig geprüft werden, denn ihre Einpassung in die Planung eines

immer neu- und andersartigen Bauwerks kann ganz grundsätzliche Änderungen erfordern. Wer dauerhaft bauen will, muss bereit sein, aus den neueren Erfahrungen zu lernen um anfällige Konstellationen zu vermeiden (s. auch Prof. P. Schubert »Schadenfreies Bauen mit Mauerwerk. Katalog von Rissschäden und Maßnahmen zu deren Vermeidung«, oder »Mauerwerksatlas« Seite 106 ff.).

Unterschiedliche Verformungen
Da die unterschiedlichen Verformungen ein zentrales Problem darstellen, sind nachfolgend wesentliche Kennwerte (Rechenwert aber auch Wertebereich, der etwas über die Verschiedenartigkeit und Streuung des Stoffes aussagt) von Wandbaustoffen aufgelistet, mit denen eine grobe Abschätzung von unterschiedlichen Temperatur- oder Feuchteverformungen und damit von Verträglichkeiten bzw. Unverträglichkeiten möglich ist.

Auflager von Stahlbetondecken
Das Aussenmauerwerk wird durch Verformungen der Stahlbetondecke beansprucht, die sich überlagern und verstärken können. Schliesst man temperaturbedingte Formänderungen durch eine ausreichend dimensionierte und konsequent durchgeführte Wärmedämmung aus, bleiben vor allem Formänderungen durch Belastung und durch Schwinden und Kriechen des Betons:

• Durchbiegung der Decke und das Abheben der Decke am Auflager durch Verdrehen der Deckenränder, begünstigt durch zu grosse Deckenschlankheit und zu geringe Auflast am Auflager. Folge sind horizontale Risse am Auflager bzw. in den darunterliegenden Schichten. Besonders gefährdet sind die Eckbereiche von Dachdecken ohne Auflast durch Aufschüsseln.

Verformungskennwerte für Schwinden, Kriechen und Temperaturänderung nach DIN 1059 Tabelle 2

Mauersteinart	Endwert der Feuchtedehnung Schwinden, chem. Quellen		Endkriechzahl		Wärmedehnungskoeffizient	
	Rechenwert mm/m	Wertebereich mm/m	Rechenwert	Wertebereich	Rechenwert 10^{-6}/K	Wertebereich 10^{-6}/K
Mauerziegel	0	+0,3 bis −0,2	1,0	0,5 bis 1,5	6	5 bis 7
Kalksandsteine	−0,2	−0,1 bis −0,3	1,5	1,0 bis 2,0	8	7 bis 9
Leichtbetonsteine	−0,4	−0,2 bis −0,5	2,0	1,5 bis 2,5	10 (8*)	8 bis 12
Betonsteine	−0,2	−0,1 bis −0,3	1,0	−	10	8 bis 12
Porenbetonsteine	−0,2	+0,1 bis −0,3	1,5	1,0 bis 2,5	8	7 bis 9

Verkürzung (Schwinden): Vorzeichen minus; Verlängerung (chem. Quellen): Vorzeichen plus
* für Leichtbeton mit überwiegend Blähton als Zuschlag

• Verkürzung der Decke und das „Mitnehmen" der
Mauersteine des Auflagers. Folge sind horizontale Risse am Auflager aber auch Schrägrisse in
Querwänden innen am Auflager (von oben nach
unten) oder waagerechte Risse in Wandmitte.

• Exzentrizität der Lasteintragung am Auflager,
auch eine Folge der bereits benannten Verformungen. Folge können Risse auf der Wandaus-
senseite sein oder auch Risse am Auflager innen
durch zu hohe Kantenpressung.

Gegenmaßnahmen
• Betontechnologie und Verarbeitung: Einsatz von
schwindarmem Beton mit niedrigem Wasserze-
mentwert (Vorsicht bei unkontrollierter Zugabe
von Betonzusatzmitteln), sorgfältige Nachbehandlung (längeres Belassen in der Schalung, Schütz-
en von Deckenoberflächen gegen Sonne und
Wind durch Abdecken, Feuchthalten, Wässern...).

• Ausreichende Deckendicke. Für Dachdecken
(i.d.R. ohne Auflasten) gibt DIN 18530 Grenz-
werte der Deckenschlankheiten an. Es ist auch
möglich, die fehlende Auflast durch eine Zug-
stütze zur unteren Decke zu ersetzen.

• Reduzierung der Schwindverkürzung vor allem
der Dachdecke durch Begrenzung der Decken-
länge oder die Anordnung von Schwindfugen.

• Anordnung eines kräftigen Mörtelbetts oder einer
Trennschicht zwischen Betondecke und Mauerwerk im Deckenauflager.

• Ausreichend tiefe Auflager für Decken mit größeren Spannweiten:
☐ a: Einlegen von zusammendrückbaren Streifen
auf der Innenseite des Auflagers zur Zentrierung
der Lasteinleitung sowie zur Vermeidung von
Schäden durch Kantenpressungen.
☐ b: Reduzierte Vorblendung (Wandbauplatten
statt halbsteindicke Ziegel) oder Einbetten in einen
entsprechend vorbereiteten Ziegel-U-Stein.

Ringanker und Ringbalken
Das Schwinden von Ringankern, Ringbalken und
sonstiger Beton- und Stahlbetonbauteile im Mauerwerk kann zu Schäden führen, wenn diese Vorgänge bei der Detailausbildung nicht beachtet
werden. Auf nicht unbedingt erforderliche Beton-
Bauteile sollte daher verzichtet werden.

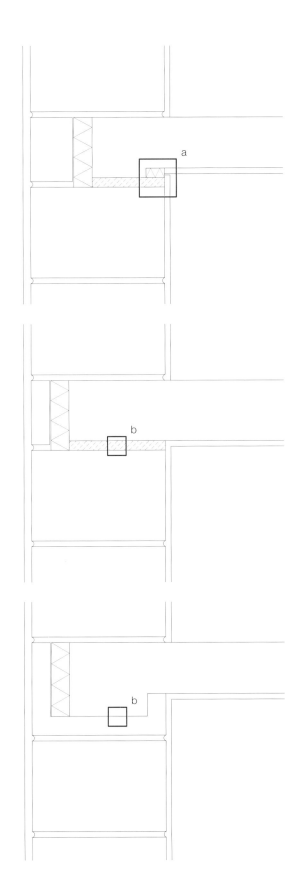

Die Sicherung freier Mauerwerksränder und die Gebäudeaussteifung kann durch den kraftschlüssigen Anschluss an entsprechend ausgesteifte Bauteile wie an Dach- oder Deckenscheiben erfolgen.

Öffnungen in Wänden
Bei Mauerwerkskonstruktionen können bekannte Rissbilder auftreten, z.B. der Brüstungsriss, der in Öffnungen von den Ecken ausgehend meist schräg nach unten verläuft. Zu dessen Vermeidung wurden in den Zeichnungen des Hauptteils »konstruktive Bewehrungen« im Brüstungsbereich eingelegt. Für die »konstruktive Bewehrung« zur Rissbreitenbeschränkung bzw. zur Rissverteilung eignen sich korrosionsgeschützte Stahleinlagen, besser noch speziell dafür entwickelte Bewehrungsgitter aus nichtrostendem Stahl. Bei Bewehrungsgittern mit Knoten ist die Auszugssicherheit gegeben: die Einbindung der Bewehrung in das z.B. an die Öffnung angrenzende Mauerwerk sollte etwa 60 – 80 cm

betragen. Bei größeren Öffnungen sollte die Bewehrung möglichst »hoch« in die oberste Fuge eingebaut werden. Die Einbettung des ca. 5 mm dicken Gitters in Leichtmörtel ist möglich, da es sich nicht um tragendes Bewehrtes Mauerwerk (DIN 1053 Teil 3) handelt.

Schlitze und Aussparungen
Sie können die Tragfähigkeit des homogenen Mauerwerks durch Veränderungen der Querschnittsfläche, der Biegesteifigkeit, der Exzentrizität der Restfläche sehr stark schwächen. Nachträglich am Bau hergestellte Schlitze und Aussparungen können – weil oft unkontrolliert und in besonders sensiblen Bereichen ohne Rücksprache ausgeführt – zu erheblichen Schäden führen. In Außenwänden sind sie zudem unerwünschte Wärmebrücken. Das bedeutet in der Konsequenz, dass Schlitze und Aussparungen zu planen und in die Konstruktion zu integrieren sind.

Ohne Nachweis zulässige Schlitze und Aussparungen in tragenden Wänden nach DIN 1053 Tab. 10

Vertikale Schlitze und Aussparungen in gemauertem Verband

Wanddicke (mm)	Schlitzbreite (mm)	Restwanddicke (mm)	Abstand von Öffnungen
115	–	–	–
240	max. 385	min. 115	min. 2x Schlitzbreite jedoch min. 240 mm
365	max. 385	min. 240	

Abstand der Schlitze und Aussparungen untereinander min. Schlitzbreite
Die Gesamtbreite von Schlitzen darf je 2,00 m Wandlänge die max. Schlitzbreite nicht überschreiten.

Schlitze und Aussparungen nachträglich hergestellt (ohne Begrenzung der Schlitzlänge)

Wanddicke (mm)	horizontal und schräg	vertikale Schlitze und Aussparungen	
	Tiefe (mm)	Tiefe (mm)	Einzelschlitzbreite
115	–	max. 10	max. 100
240	max. 15	max. 30	max. 150
365	max. 20	max. 30	max. 200

Abstand der Schlitze und Aussparungen von Öffnungen min. 115 mm
Horizontale und schräge Schlitze sind nur zulässig min. 0,40 m ober- und unterhalb der Rohdecke sowie jeweils nur an einer Wandseite. Bei Verwendung von Werkzeugen mit genauer Tiefenbegrenzung darf ihre Tiefe um 10 mm erhöht und Wände mit min. 240 mm Dicke jeweils 10 mm tief gegenüberliegend geschlitzt werden. Schlitze, die bis max. 1,00 m über den Fußboden reichen, dürfen bei Wanddicken von 240 mm und mehr bis 80 mm Tiefe und 120 mm Breite ausgeführt werden.

ausgeführte Ziegelbauten

Wohnbebauung in München

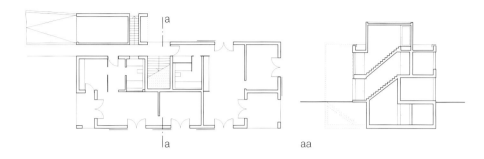

Christof Wallner, München

Erdgeschoss · Querschnitt   Maßstab 1:400
Detailschnitt   Maßstab 1:20

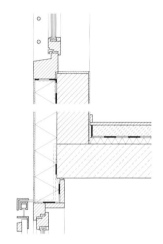

In einem Wohngebiet mit Einfamilien- und Reihenhäusern im Münchner Norden fällt der in leuchtendem Farbton gestrichene Kubus sofort ins Auge. Die Anlage mit vier Wohnungen besetzt ein mit Apfelbäumen bestandenes Eckgrundstück, ohne den Maßstab der Umgebung zu sprengen. Aus dem Quader mit flächiger Fassade sind im Erdgeschoss Öffnungen für Loggien und eine großzügige Treppe zu den oberen Wohnungen herausgeschnitten. Das Gebäude ist in Massivbauweise mit Wärmedämmverbundsystem und außen bündigen, mit dunklen Holzrahmen akzentuierten Fenstern errichtet. Der Bauherr, ein Malermeister, wirkte bei der farbtechnischen Planung mit. Zunächst wurde die gesamte Außenhaut zweimal einfarbig deckend mit gelber Silikonharzfarbe gestrichen, anschließend mit Bürsten und Schwämmen in feinen Wischbewegungen die Schlussbeschichtung aus Fassadenlasur in Terracottatönung aufgetragen. Von außen erscheint das Gebäude wie durchgefärbt.

☐ DETAIL 12/2003

Doppelhaushälfte in München

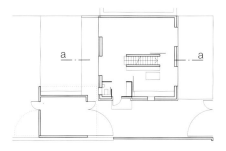

aa

Andreas Meck, Brigitte Püls
München

Die kleine Doppelhaushälfte verkörpert auf den ersten Blick den Archetypus des Siedlungshauses: Ein klarer, kompakter Baukörper mit steilem Satteldach und knappen Dachrändern, der sich wohltuend von der umgebenden, inhomogenen Bebauung absetzt. Dazu trägt auch die Beschränkung auf wenige verwendete Baumaterialien bei. Erst beim genaueren Hinsehen erschließt sich der feinsinnige Umgang mit dem alltäglichen Architekturvokabular. Das Einfache wird zum Grundprinzip des Gebäudes. Da drücken sich, anstelle der handelsüblichen Dachflächenfenster, kantige Kästen mit einfachen Klappflügeln durch das Dach. Naturbelassene Mahagonifenster sitzen außen bündig, stehen sogar noch ein bisschen aus der Fassade hervor. Der Verzicht auf Glasleisten und die rahmenbündig eingeklebten Scheiben lassen die Fenster als unprofilierte, flächige Elemente erscheinen. Nur die eingerückte Eingangstüre entspricht dem gewohnten Bild des »Lochs« in der sonst so mauerwerkstypischen Lochfassade und setzt damit einen deutlichen Akzent.
Das 24 cm starke Ziegelmauerwerk ist außen komplett mit einem Wärmedämmverbundsystem umhüllt, wobei die glatte Putzoberfläche nicht weiter behandelt wurde. Kein Farbauftrag deckt die Unregelmäßigkeiten der einzelnen Arbeitsgänge oder nachträgliche Ausbesserungen ab. Die Oberfläche wirkt lebendig und erzählt schon jetzt eine Geschichte. Klassisch und elegant schließt die angeputzte Fassade am Ortgang mit der feinen, gezahnten Linie der Biberschwanzdeckung ab.　　　▢ Detail 1/2 2002

Erdgeschoss · Querschnitt　Maßstab 1:400
Fassadenschnitt　Maßstab 1:10

1　Putz mineralisch, an Ziegeldeckung angearbeitet
2　Putzträger
　　Holzwolleleichtbauplatte 30 mm
3　Polystyrol-Hartschaumplatte 80 mm
4　Fensterelement Mahagoni unbehandelt
5　Geländer Flachstahl, geschweißt verzinkt, beschichtet ▭ 30/8 mm
6　Eingangstüre Mahagoni unbehandelt
7　Blockstufe Ortbeton
8　Dämmung, druckfest, Schaumglas 60 mm

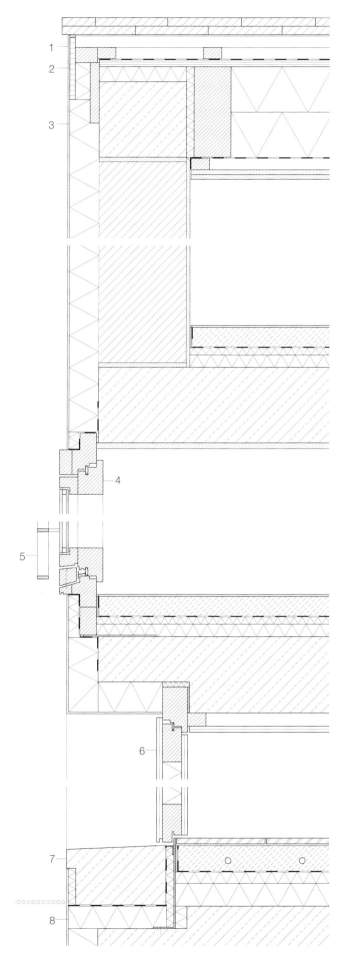

Wohnhaus in München

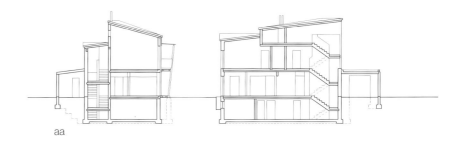

aa

Thomas M. Hammer und Doris
Schmid-Hammer, München

Der maßgebliche Gedanke für den Entwurf dieses Wohnhausensembles war
eigenständig und doch gemeinsam
zu leben. In einer lockeren Verbunden-
heit der Wohnhäuser wird jedem der
Bauherren – zwei Brüdern – Raum zur
Verwirklichung der eigenen Lebens-
vorstellungen gelassen. Zwei unterschiedliche Baukörper entstanden, die
zur Straße hin durch eine hohe Mauer
verbunden sind. Eine durchlaufende
Überdachung bildet hier eine Vorzone
über den Eingängen und Garagentoren
der Fassade. Die persönliche Lebens-
art der Brüder zeigt sich vor allem in
der unterschiedlichen Gestaltung der
Grundrisse. So ist eines der Gebäude
teilweise in Holz errichtet und für die
Bedürfnisse einer Wohngemeinschaft
geplant. Hier bildet eine Wohnküche
den gemeinschaftlichen kommunikati-
ven Kern des Hauses, während jeder
Bewohner zum Zurückziehen über
einen jeweils gleich großen Wohn- und
Arbeitsraum verfügt. Die Außenwand
des anderen Wohnhauses, welches
parallel zur Straße steht, besteht aus
36,5 cm dickem Leichtziegelmauerwerk und ist weiß verputzt. Der offene
und großzügige Wohn- und Essbereich
der Familie nimmt nahezu das ganze
Erdgeschoss ein. Die unterschiedlichen privaten Zimmer liegen in der
oberen Etage und im Dachgeschoss.
Sie dienen je nach Familiengröße als
Schlaf-, Arbeits- oder Kinderzimmer.
Durch eine geschickte Grundrissorga-
nisation entstehen trotz einer geringen
Gebäudegröße interessante Raum-
folgen mit vielfältigen Durch- und
Ausblicken. Eine durchdachte Licht-
führung unterstreicht und rundet diese
Wirkung ab.
    📖 Im Detail Einfamilienhäuser

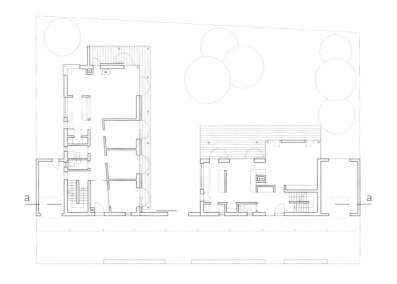

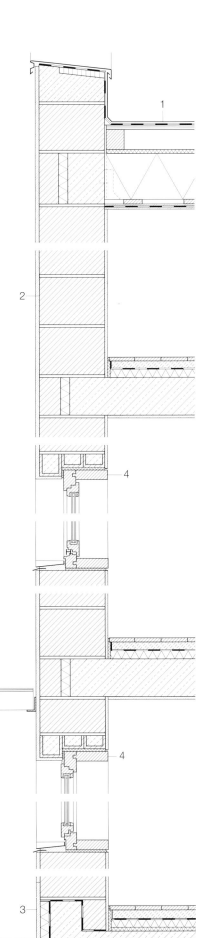

Querschnitte · Erdgeschoss
Maßstab 1:400
Querschnitt · Längsschnitt
Details   Maßstab 1:20

1 Stehfalzdeckung Titanzinkblech
   Bitumenbahn zweilagig
   Rauspundschalung 24 mm
   Hinterlüftung 100 mm
   zwischen Sparren 100/100 mm
   Weichfaserplatte 19 mm, bituminiert
   Zellulosedämmung 220 mm
   zw. Sparrenpfetten 120/220 mm
   Sparschalung 24 mm
   Gipsfaserplatten 2× 10 mm
   dazw. Dampfbremse
2 Mauerwerk 365 mm
   HLz 12–1,0–12 DF
3 Zementputz auf Haftbrücke
   Schaumglas
   Feuchtigkeitsabdichtung
4 Vollholz Lärche 50 mm

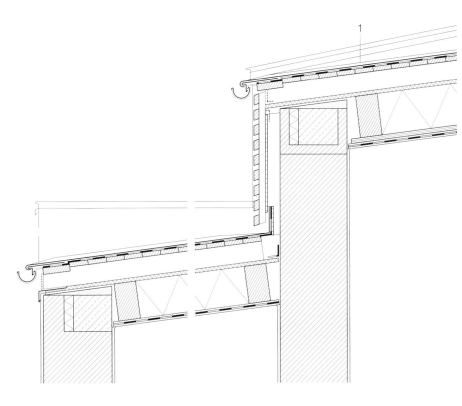

Wohnhaus in der Hallertau

Walter Stolz, Rosenheim

Das Grundstück liegt in einer Neubausiedlung mit heterogener Einfamilienhausbebauung am Rande einer niederbayerischen Kleinstadt. Wohnhaus und Garage sind im oberen Teil des flach geneigten Hanges angeordnet. Zusammen mit der dazwischen liegenden Mauer bilden sie zur Straße einen räumlichen Abschluss und umfassen einen nach Westen offenen Gartenhof mit Blick talwärts zur Stadt.
An der fast vollständig geschlossenen Nordseite des Hauptgebäudes befindet sich ein gläserner Vorbau, der als Kli-

mapuffer und als Windfang für den Hauseingang dient.
Durch sorgfältige Materialwahl und einfache, präzise Details stellt das Gebäude einen Bezug zwischen zeitgenössischer Architektur und regionaler Bautradition her. Es ist aus 36,5 cm dickem Leichtziegelmauerwerk konstruiert. Der dreilagige Kalkputz wurde mit sienaroter Farbe gestrichen. Die naturgrauen Betondachsteine enden an Traufe und Ortgang ohne Dachüberstand, nur mit Blechabschlüsse gefasst.
DETAIL 1/1999

aa

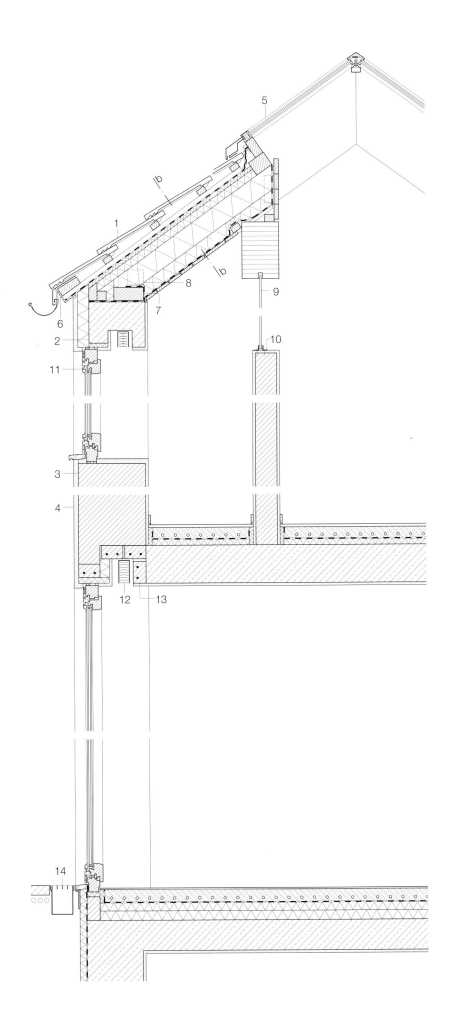

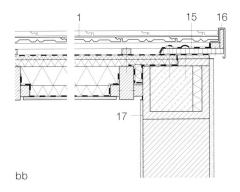

bb

Erdgeschoss · Schnitt
Maßstab 1:250
Vertikalschnitt
Ortgang
Maßstab 1:20

1 Dachaufbau:
  Betondachsteine naturgrau
  Lattung und Konterlattung
  Unterdeckbahn diffusionsoffen
  Holzfaserdämmplatten 22 + 40 mm
  Sparren 80/176 mm,
  dazwischen
  Wärmedämmung 100 + 60 mm
  Dampfsperre
  Schalung Fichte 16 mm
2 Ringanker Stahlbeton 240/300 mm
3 Leichtziegel Zahnziegel
  Großblock 8–0,8–12 DF
4 Kalkputz dreilagig
5 Wärmeschutzverglasung 2 ESG
6 Lochblech Titanzink
7 Fußpfette 60/160 mm
8 Stahlwinkel 90/90/7 mm
  beidseits des Sparrens
9 ESG 8 mm
10 Edelstahlprofil 25/25/3 mm
11 Holz-Aluminium-Fenster
12 Jalousette
13 Ziegelfertigsturz
14 Entwässerungsrinne
15 Furniersperrholzplatte 30 mm
16 Ortgangverblechung Titanzink
17 Ziegel-U-Schale

Atelierhaus in Eichstätt

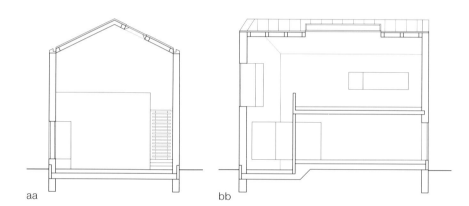

Diezinger & Kramer, Eichstätt

Am Rande der Altstadt wurde anstelle eines ruinösen Handwerkerhauses aus dem 16. Jahrhundert ein kleines verputztes Atelierhaus errichtet, das die Kontur des Altbaus aufnimmt. In klarer moderner Haltung behauptet sich das Atelierhaus in seinem engen Umfeld und fügt diesem einen markanten städtebaulichen Akzent hinzu. Die wie beim Altbau schräg verlaufende Eingangsseite und die frei angeordneten Öffnungen verleihen dem Baukörper mit seinen präzisen Kanten Spannung. Den in dunklem Grau gestrichenen Putzflächen steht ein lichtdurchflutetes weißes Inneres gegenüber. Das zweigeschossige Haus mit insgesamt ca. 75 m² Fläche bietet im Erdgeschoss Platz für einen kleinen Ausstellungsraum sowie einen größeren Raum, der für Veranstaltungen oder als Gästewohnung nutzbar ist. Im oberen Geschoss liegt das Bildhaueratelier. Die Nasszelle in rot gestrichener Holzkonstruktion setzt sich hier vom Weiß der übrigen inneren Oberflächen ab. Beide Ebenen werden räumlich durch den kleinen Ausstellungsraum neben dem Eingangsbereich verbunden, der zweigeschossig bis unter das Dach reicht. Dieser ist durch ein um die Gebäudekante geführtes, bündig in der Putzfläche liegendes »Schaufenster« einsehbar. Er verbindet Innen und Außen und wird trotz seiner kleinen Grundfläche zum Dreh- und Angelpunkt der innenräumlichen Organisation. Alle Festverglasungen am Haus sitzen bündig mit dem Außenputz. Die Gläser sind rahmenlos und über eine Klammerung im Glasverbund gehalten. Die liegenden Öffnungsflügel im Obergeschoss klappen nach außen auf.   DETAIL 7·8/2002

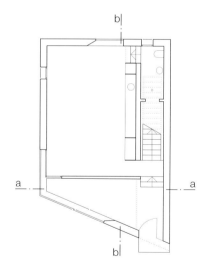

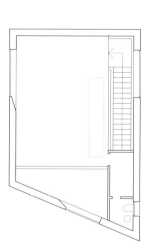

aa   bb

b

a — a

b

Schnitte · Grundrisse
Maßstab 1:200
Vertikalschnitt
Maßstab 1:20

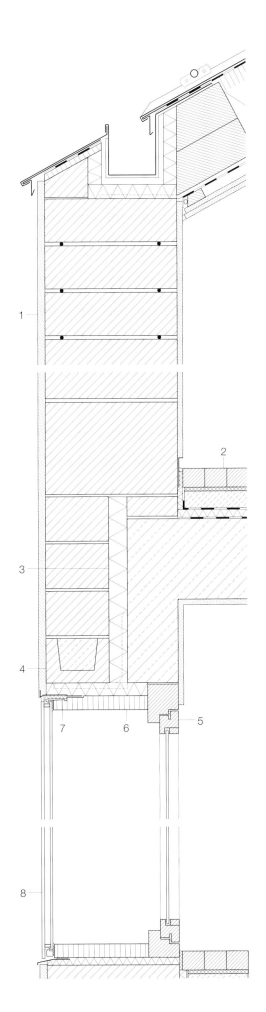

1 Außenputz mineralisch
mit Anstrich 25 mm
Mauerwerk Hochlochziegel 365 mm,
3 Schichten am Dachrand
mit verzinkter Bewehrung,
2× Ø 8 mm je Fuge
Kalkgipsputz 15 mm
2 Hirnholzpflaster 60 mm
Heißasphalt 10 mm
Zementestrich 45 mm auf PE-Folie
Trittschalldämmung 20 mm auf PE-Folie
Stahlbetondecke 220 mm
3 Wärmedämmung Mineralfaser 50 mm vor
Unterzug Stahlbeton 140 mm
4 Ziegelsturz auf Stahlwinkel verzinkt
L 200/200/16
5 Holzfenster mit Einfachverglasung
6 Sperrholzplatte weiß beschichtet 36 mm
7 Klammerung im Glasverbund
8 Isolierverglasung
Float 6 mm + SZR 16 mm + ESG 8 mm,
Randemaillierung als UV-Schutz

Wohnsiedlung in Neu-Ulm

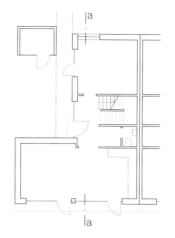

la   aa

G. A. S.-Sahner, Stuttgart
Georg Sahner

In einem Randbereich der Stadt Neu-Ulm, angrenzend an landwirtschaftlich genutztes Ackerland, liegt ein kleines Wohngebiet, dessen Zentrum eine Hausgruppe aus 20 Systemhäusern bildet. Die kleinen Eingangshöfe des winkelförmigen Haustyps schaffen mit den zugehörigen Schuppen ein wichtiges Stück Privatheit. Auf den ersten Blick ist es nicht wahrnehmbar, dass hier alle Häuser einen identischen Erdgeschossgrundriss besitzen und sich aus dem gleichen Baukasten entwickeln. Zu vielgestaltig ist das Bild, das

sich aus den unterschiedlichen Dachformen, aber vor allem aus den Möglichkeiten der städtebaulichen Gruppierung ergibt. Grundgedanke ist der modulare Aufbau der einzelnen Häuser. Ausgehend von einem Minimalvolumen, das neben zwei Räumen auch die Treppe und den zentralen Versorgungsschacht mit Küche, Bad und WC beinhaltet, lässt sich die Wohnung um zusätzliche Individualräume erweitern. In der maximalen Ausbaustufe entsteht eine 7-Zimmer-Wohnung über drei Geschosse. Raumgrößen

und -zuschnitte sind dabei ähnlich, sodass das Haus sehr verschiedene Nutzungskonzepte zulässt. Weitere Varianten entstehen durch unterschiedliche Möglichkeiten der Unterkellerung und die verschiedenen, angebotenen Dachbausteine. Das Konzept lässt es zu, das Haus mit den unterschiedlichsten Konstruktionsmaterialien zu bauen, um der örtlichen Verfügbarkeit von Rohstoffen und Herstellerbetrieben zu entsprechen. Die Hausgruppe in Neu-Ulm wurde in Ziegelmauerwerk ausgeführt.   ◫ DETAIL 4/2001

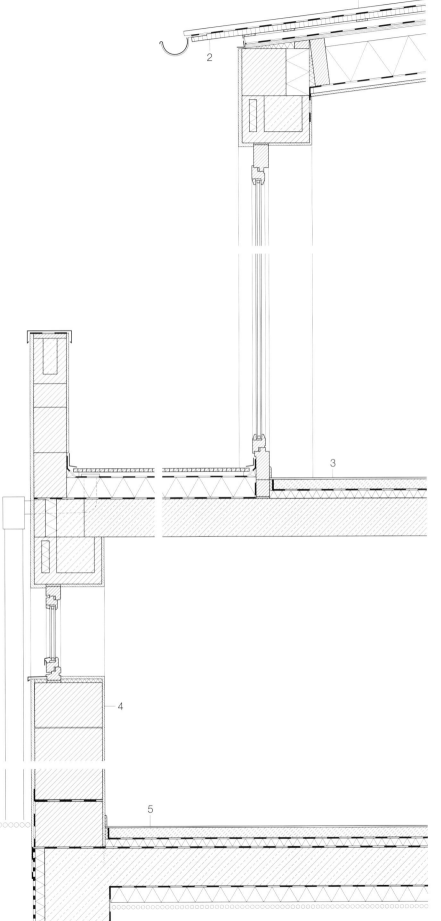

Erdgeschoss · Schnitt
Maßstab 1:250
Vertikalschnitt
Maßstab 1:20

1 Dachaufbau:
   Wellblech Aluminium18/76 mm
   Lattung/Konterlattung 50/40 mm
   Unterspannbahn
   Schalung Fichte sägerau 24 mm
   Sparren Fichte 80/220 mm
   Zwischensparrendämmung Mineralfaser
   200 mm
   Dampfsperre
   Lattung Fichte 48/28 mm
   Gipskarton 12,5 mm
2 Dreischichtplatte Fichte 25 mm
3 Fußbodenaufbau
   Geschossdecken:
   Teppich oder PVC-Belag
   Estrich 50 mm
   auf Trennlage PE-Folie
   Wärme-/Trittschalldämmung 50 mm
   Decke Betonfertigteilelemente 200 mm
4 Mauerwerk Planziegel (λR = 0,11 W/mK)
   365 mm
5 Fußbodenaufbau EG
   ohne Unterkellerung:
   Teppich oder PVC-Belag
   Estrich 50 mm
   auf Trennlage PE-Folie einlagig
   Wärme-/Trittschalldämmung 50 mm
   Abdichtung
   Bodenplatte Ortbeton 200 mm
   Trennlage PE-Folie
   Perimeterdämmung 80 mm

107

Wohnanlage in Waldkraiburg

Andreas Meck, München

Die Anlage ist der erste Teil einer geplanten größeren Siedlung. Parallel zu einer stark frequentierten Straße gelegen, soll sie dem hinteren Grundstücksteil als Lärmschutzriegel dienen. Sie wird von zwei Treppenhäusern erschlossen, enthält 11 Wohnungen und ein Café. Die 8 Maisonetten sind in zwei Gruppen mit je 4 Wohnungen übereinander gestapelt, ihre Eingänge befinden sich also im Erdgeschoss und im 2. Obergeschoss. Zur Straße hin sind die Nebenräume als Puffer vor den Wohn- und Schlafräumen ange-

ordnet, die sich zum Innenbereich orientieren. Jede Wohneinheit verfügt über einen eigenen Garten oder eine Dachterrasse.
Die der Straße am nächsten gelegenen ebenerdigen Wohnungseingänge sind durch Wegführung und Zonierung fein abgestuft, um die privaten Räume zu schützen. Ein gepflasterter Weg führt durch einen Grünstreifen zu einem um zwei Stufen erhöhten überdachten Vorplatz. Von hier gelangt man über den Windfang, der der Fassadenebene vorgelagert ist, in die Diele, an die die

Räume angegliedert sind. Eine einläufige Treppe führt vom Erdgeschoss in das Obergeschoss.
Die Eingänge der oberen Wohnungen liegen geschützt am Laubengang, der sich nur über einen schmalen Schlitz zur Straße öffnet. Durch ihn gelangt die Nachmittagssonne zu den aus Lärchenholzleisten gefertigten Sitzplätzen vor den Türen. Diese erweitern den privaten Wohnbereich und unterstützen die soziale Kontaktaufnahme zwischen den Bewohnern.

📖 DETAIL 4/1997

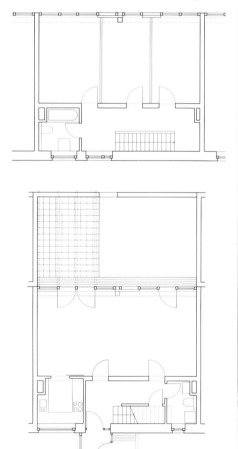

Erdgeschoss · 1. Obergeschoss
Maßstab 1:200

Horizontalschnitt · Vertikalschnitt
Maßstab 1:20

1 Wandaufbau:
  Innenputz 15 mm
  Hochlochziegelmauerwerk 240 mm
  Wärmedämmung Mineralwolle 40 mm
  zwischen Konterlattung
  Lattung/Hinterlüftung 50 mm
  Faserzementplatte 8 mm
2 Isolierverglasung in Holzfensterrahmen,
  äußere Scheibe Drahtglas

3 Sitzbank Lärchenholzleisten 40/40 mm
  auf Stahlprofil-Konsolen T50,
  an Kopfplatte geschweißt
4 Holztür aufgedoppelt, gestrichen
5 Aufbau Dachterrasse/Laubengang:
  Gehwegplatten 300/300/50 mm
  im Splittbett 50 mm
  Abdichtung auf Trennlage
  Wärmedämmung 160 (80) mm
  Dampfsperre
  Stahlbetondecke
6 Brüstungsabdeckung Betonfertigteil
7 Mauerwerk Hochlochziegel
  verputzt 240 mm
8 Rolladenkasten
9 Linoleumbelag auf
  schwimmendem Estrich

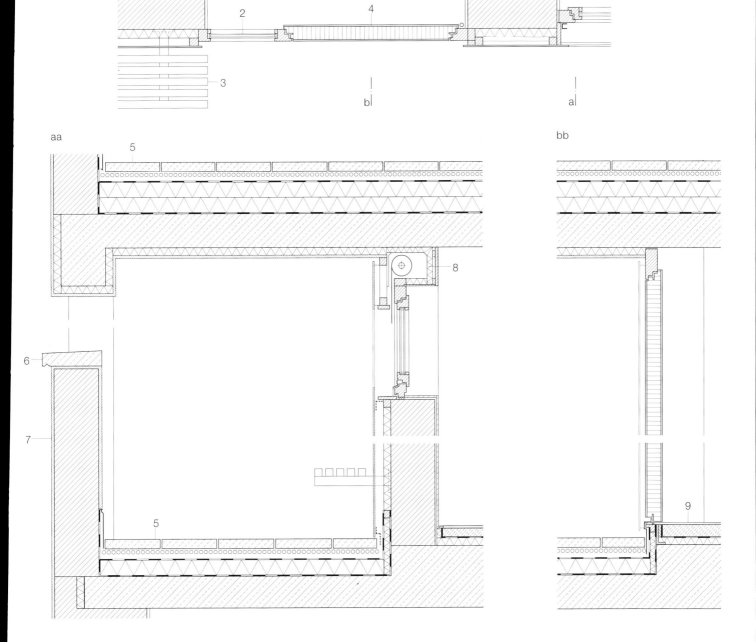

Wohnanlage in Ludwigsburg

Hartwig N. Schneider mit
Gabriele Mayer, Stuttgart

In ruhiger, innerstädtischer Lage zwischen Zentrum und Peripherie, umgeben von offener Bebauung aus den 50er-Jahren, entstanden 60 öffentlich geförderte Mietwohnungen für unterschiedliche Nutzer – Alleinstehende, Alleinerziehende, Paare und Familien. In klarer Gliederung um drei halböffentliche Wohnhöfe angeordnet, ergänzt die Bebauung das offene Siedlungsmuster der Umgebung bei gleichzeitig hoher Dichte (GFZ 1,2) durch ein differenziertes Wohnungs- und Freiraumangebot. Die hellen, teils zweigeschossigen 1–3-Zimmer-Wohnungen werden jeweils beidseitig von den Frei- und Straßenräumen her belichtet. Hinter den Schiebeverglasungen der Putzfassaden liegen den Wohnräumen vorgelagerte Loggien. Rückseitig emaillierte Glasschiebeläden dienen als Verdunklung der Schlafräume. Die baumbestandenen Höfe öffnen sich über Freitreppen zum Straßenraum und sind durch überdeckte Freibereiche mit dem Garten im Süden verbunden. Im Sockelgeschoss unterhalb der Höfe befinden sich zwei natürlich belüftete Tiefgaragen. Die verputzten Baukörper wurden in Leichtziegelmauerwerk mit durchgefärbtem, mineralischem Putz ausgeführt, dessen Oberfläche je nach Wetterlage changiert. Im Kontrast hierzu stehen Fassadenflächen mit elementierter naturbelassener Holzbekleidung. Im Süden prägen Holzschiebeläden und Austrittsbalkone aus eingefärbten Betonfertigteilen die Fassade. Es wurden Holzfenster mit Wärmeschutzverglasung eingebaut, in besonders beanspruchten Bereichen kamen Holz-Aluminium-Fenster zum Einsatz.　　　⚓ DETAIL 1/1999

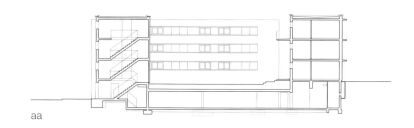

aa

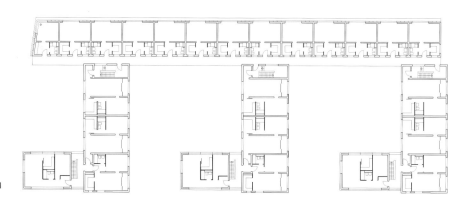

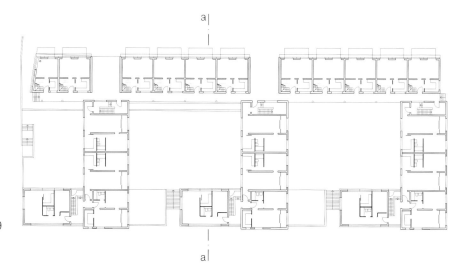

a

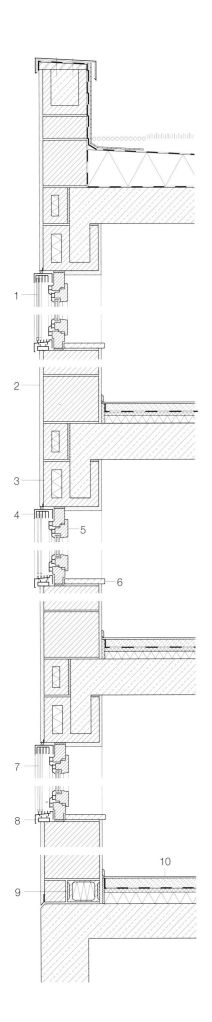

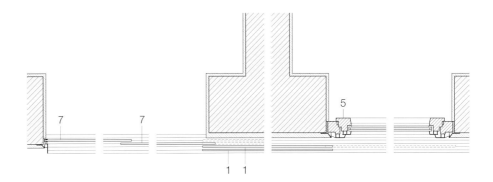

Schnitt · Grundrisse
Maßstab 1:500
Vertikalschnitt Westfassade
Horizontalschnitt
Schiebeverglasung Putzbau
Maßstab 1:20

1 ESG, rückseitig emailliert 8 mm
2 Außenputz, mineralisch 20 mm
  Leichtziegel Hlz 300 mm
  Innenputz 15 mm
3 Leichtziegel-U-Schale 300 mm
4 Aluminiumprofil ⊔ 100/50/5 mm
5 Holz-Aluminium-Fenster
6 Innenfensterbank Betonwerkstein
7 ESG 8 mm
8 Stahlprofil, verzinkt ▱ 60/20/3 mm
9 Wärmedämmelement, tragend
10 Bodenbelag 5 mm
   Zementestrich 50 mm
   Trennlage PE-Folie,
   0,2 mm Trittschalldämmung 20 mm
   Wärmedämmung 60 mm
   Stahlbetondecke 180 mm

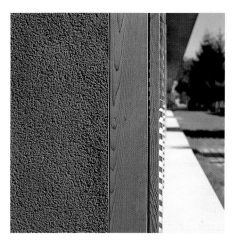

1 Innenputz 15 mm
  Mauerwerk Hlz 240 mm
  Mineralwolle 80 mm
  Schutzvlies
  Zedernholzbekleidung,
  elementiert, 58 mm
2 Abschlussbrett 140/30 mm
3 fest stehende Bekleidung, Zedernholz
4 Schiebeladen, Zedernholz
5 Attikabekleidung
  Holzfaserplatte, zementgebunden 14 mm
6 obere Führungsschiene Schiebeladen
7 untere Führungsschiene
8 Geländer Stahlprofile, verzinkt,
  farbbeschichtet
9 Betonfertigteil, pigmentiert
10 Abschlussholz 220/48 mm

Horizontalschnitt · Vertikalschnitt
Maßstab 1:20

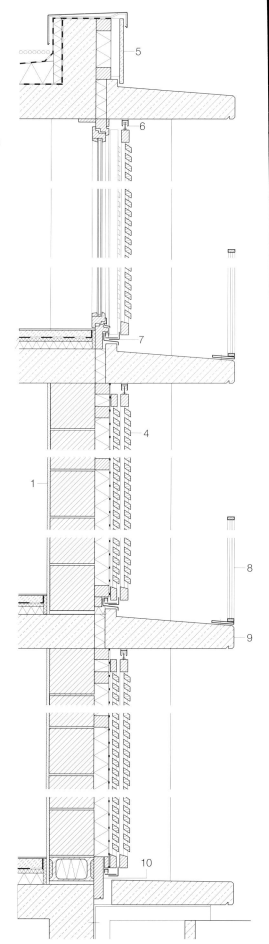

Anhang

Normen

DIN 105 Mauerziegel

DIN 1045 Beton und Stahlbeton

DIN 1053 Mauerwerk

DIN 4095 Dränung zum Schutz baulicher Anlagen

DIN 4108 Wärmeschutz im Hochbau

DIN 4109 Schallschutz im Hochbau

DIN 4226 Zuschlag für Beton

DIN 18195 Bauwerksabdichtungen

DIN 18530 Massive Deckenkonstruktionen für Dächer

DIN 18550 Putz

Literatur

Mauerwerk Atlas
Günter Pfeifer, Rolf Ramcke, Joachim
Achtziger, Konrad Zilch
2001

Der Mauerziegel
Franz Hart, Ernst Bogenberger
1964

Baukonstruktion für Architekten
Franz Hart
1959

Die Kunst der Wölbung
Franz Hart
1965

Rissschäden an Mauerwerk
Werner Pfefferkorn
1994

Schadenfreies Bauen mit Mauerwerk
Peter Schubert
2002

Fachinformation der Ziegelindustrie
Ziegellexikon
1999

Aussenputz auf Ziegelmauerwerk
2002

Fachverbände

Fachverband
Ziegelindustrie Nord
Bahnhofsplatz 2a
26122 Oldenburg
Tel.:   0441 210260
Fax: 0441 2102620

Fachverband Ziegelindustrie
Nordwest
Am Zehnthof 197–203
45307 Essen
Tel.:   0201 5921306
Fax: 0201 5921359

Bundesverband der
Deutschen Ziegelindustrie e.V.
Schaumburg-Lippe-Straße 4
53113 Bonn
Tel.:   0228 91493-0
Fax: 0228 91493-28

Massiv mein Haus e.V.
Falkensteinstr. 9
D-86316 Friedberg
Tel.:   0821 7849773
Fax: 0821 784447

Wienerberger Werk Eisenberg
Jenaer Straße 56
07607 Eisenberg/Thüringen
Tel.: 036691 71-100
Fax: 036691 71-115
info@wzi.de

Wienerberger Werk Zwickau
Bürgerschachtstraße 6a
08056 Zwickau
Tel.: 0375 27535-0
Fax: 0375 27535-99
info@wzi.de

Wienerberger Werk Hainichen
Frankenberger Straße 60
09661 Hainichen
Tel.: 037207 45-0
Fax: 037207 45-29
info@wzi.de

Wienerberger Lager Brück
Paul-Ruoff-Straße 2
14811 Brück
Tel.: 033844 610
Fax: 033844 61125
info@wzi.de

Wienerberger Werk
Bad Freienwalde
Eberswalder Straße 107
16259 Bad Freienwalde
Tel.: 03344 417-0
Fax: 03344 417-119
info@wzi.de

Wienerberger Werk Gransee
Strelitzer Straße
16775 Gransee
Tel.: 03306 7983-0
Fax: 03306 7983-83
info@wzi.de

Wienerberger Werk Jeddeloh
Jeddeloher Damm 26
26188 Edewecht
OT Jeddeloh 1
Tel.: 04405 7020
Fax: 04405 8496
info@wzi.de

Wienerberger Werk Sittensen
27419 Sittensen OT Tiste
Tel.: 04282 2041
Fax: 04282 2044
info@wzi.de

Wienerberger Ziegelindustrie GmbH
Oldenburger Allee 26
30659 Hannover-Lahe
Tel.: 0511 61070-0
Fax: 0511 614403
info@wzi.de

Ton- und Ziegelwerke
Werner Flörke KG
Niedermehner Str. 36
32351 Stemwede
Tel.: 05773 202
Fax: 05773 317

Otto Bergmann GmbH
Im Roten Lith 3 (Werk 1)
32689 Kalletal-Hohenhausen
Tel.: 05264 6482-0
Fax: 05264 6482-64
Info@Bergmann-Ziegel.de

Otto Bergmann GmbH
Heinrich-Spier-Str. 11 (Werk 2)
32839 Steinheim-Bergheim
Tel.: 05233 9558-0
Fax: 05233 9558-28

August Lücking GmbH & Co. KG
Postfach 2409
33050 Paderborn
Tel.: 05251 1340-0
Fax: 05251 1340-20
MeckBo@aol.com

Pasel & Lohmann GmbH
Salzkottener Str. 35/36
33178 Borchen-Alfen
Tel.: 05258 6001
Fax: 05258 6588
pasel-lohmann.alfen@t-online.de

Wienerberger Werk Rietberg
33397 Rietberg OT Westerwiehe
Tel.: 05244 9039-0
Fax: 05244 9039-17
info@wzi.de

August Lücking GmbH & Co. KG
Eggestr. 2
34414 Warburg-Bonenburg
Tel.: 05642 6007-0
Fax: 05642 6007-22

Wienerberger Lager Volkmarsen
Steinweg 65
34471 Volkmarsen
Tel.: 05693 9896-0
Fax: 05693 6350
info@wzi.de

Heinrich Abhau GmbH
Lispenhäuser Straße 1
36199 Rotenburg a.d.Fulda
Tel.: 06623 9248-0
Fax: 06623 9248-21

Julius Zange GmbH & Co.KG
Schlitzer Straße 40
36272 Niederaula
Tel.: 06625 9151-0
Fax: 06625 9151-79
mail@zange-ziegel.de

Ziegelwerk Schenklengsfeld
GmbH & Co. Baukeramik KG
Ringbergstraße 10
36277 Schenklengsfeld
Tel.: 06629 332
Fax: 06629 7861

Wienerberger Werk Wefensleben
Zechenhäuser Weg
39365 Wefensleben
Tel.: 03 9400 9612-0
Fax: 03 9400 2081
info@wzi.de

Wienerberger Lager Lauterbach
Ziegelei 1
36367 Wartenberg/Angersbach
Tel.: 06641 9644-0
Fax: 06641 9644-11
info@wzi.de

Ziegelwerk Friedland GmbH
Heimkehrerstraße 12
37133 Friedland
Tel.: 05504 8080
Fax: 05504 80827
friedland-ziegel@t-online.de

Wilhelm Alten Ziegelei
Ziegelweg 1
37586 Dassel-Wellersen
Tel.: 05562 252
Fax: 05562 6610
altenzieglei@t-online.de

Ziegelwerk Buch GmbH
Hansastraße 1
37671 Höxter
Tel.: 05271 2248
Fax: 05271 38184
info@ziegelwerk-buch.de

Janinhoff GmbH & Co. KG
Thierstraße 130
48163 Münster
Tel.: 0251 981680
Fax: 0251 9816830
jaco@Janinhoff.de

Wienerberger Werk Buldern
Rödder 59
48249 Dülmen-Buldern
Tel.: 02590 9455-0
Fax: 02590 4185
info@wzi.de

Eifeler Ziegel- und Klinkerwerke
Peter Koos GmbH & Co. KG
54675 Utscheid- Neuhaus
Tel.: 06522 717
Fax: 06575 1300

Adolf Hüning GmbH & Co. KG
Hauptstraße 1
59399 Olfen
Tel.: 02595 964-0
Fax: 02595 9642-22
webmaster@huening-ziegel.de

JUWÖ-Porotonwerke
Ernst Jungk & Sohn GmbH
Ziegelhüttenstraße 42
55597 Wöllstein
Tel.: 06703 910-0
Fax: 06073 910-159
poroton@juwoe.de

Keraform Spezialziegel
Homburger Straße 97
61118 Bad Vilbel
Tel.: 06101 5448-48
Fax: 06101 5448-40
info@keraform.de

Ziegelwerk
Franz Wenzel
Offenbacher Landstraße 105
63512 Hainburg
Tel.: 06182 9506-0
Fax: 06182 9506-20
ziegelwerk-wenzel@t-online.de

Adolf Zeller GmbH & Co.
Poroton-Ziegelwerke KG
Märkerstr. 44
63755 Alzenau
Tel.: 06023 97760
Fax: 06023 30157
info@zellerporoton.de

Ziegelwerk U. Grün
Hahner Straße 80
64354 Reinheim
Tel.: 06162 3415
Fax: 06162 3316
info@klimaton.de

Trost Mauerziegel
An der B3
69254 Malsch
Tel.: 07253 208-0
Fax: 07253 20816
info@trost-online.com

Hess Ziegelwerke
Ameisenbühl 40
71332 Waiblingen
Tel.: 07151 51034
Fax: 07151 18949
ziegelwerke_hess@freenet.de

Neuschwander GmbH
Neippergerstraße 41
74336 Brackenheim
Tel.: 07135 96109-0
Fax: 07135 96109-3
info@neuschwandner.de

Ziegelwerk Schmid
Erligheimer Straße 45
74357 Bönnigheim
Tel.: 07143 8744-0
Fax: 07143 8744-50
info@ziegelwerk-schmid.de

Wienerberger Werk Mühlacker
Ziegeleistraße 12
75417 Mühlacker
Tel.: 07041 8706-0
Fax: 07041 8706-55
info@wzi.de

Ceraline GmbH
Weisweiler Straße 6
79771 Klettgau-Erzingen
Tel.: 07742 9240-0
Fax: 07742 9240-40
erzinger-ziegelwerke@t-online.de

Ziegelsysteme Michael Kellerer
Ziegeleistraße 13
82282 Oberweikertshofen
Tel.: 08145 923-0
Fax: 08145 5422

Ziegelwerke
Leipfinger-Bader KG
Puttenhausen (Werk 2)
Äußere Freisinger Str. 31
84048 Mainburg
Tel.: 08751 9021
Fax: 08751 4571

Schlagmann Baustoffwerke
Grafentraubach 505
84082 Laberweinting
Tel.: 08772 9686-0
Fax: 08772 9686-10
info@schlagmann.de

Erlus Baustoffe AG
Hauptstr. 106
84088 Neufahrn/NB
Tel.:   08773 18-0
Fax: 08773 18-113

GIMA Girnghuber GmbH & Co. KG
Ludwig-Girnghuber-Str. 1
84163 Marklkofen
Tel.:   08732 24-0
Fax: 08732 24-200

Schlagmann Baustoffwerke
Lanhofen 100
84367 Tann
Tel.:   08572 17-0
Fax: 08572 8114
info@schlagmann.de

Schlagmann Baustoffwerke
Lengdorfer Straße 4
84424 Isen
Tel.:   08083 5399-0
Fax: 08083 1563
info@schlagmann.de

Ziegelwerk Aubenham
Adam Holzner KG
Aubenham 3
84564 Oberbergkirchen
Tel.:   08637 841
Fax: 08637 454

Ziegelwerke Leipfinger-Bader KG
Vatersdorf 10 (Werk 1)
84712 Buch a. Erlbach
Tel.:   08762 733-0
Fax: 08762 733-110
info@leipfinger.de

Ziegelwerk Gerhard Turber
Riedenburger Str. 25
85104 Pförring
Tel.:   08403 9294-0
Fax: 08403 9294-25

Ziegelwerk Ignaz Schiele
Wittenfelder Straße 15
85111 Adelschlag
Tel.:   08424 8922-0
Fax: 08424 8922-22
info@schiele-unipor.de

Hörl & Hartmann
Ziegeltechnik GmbH
Pellheimer Str. 17
85221 Dachau
Tel.:   08131 555-0
Fax: 08131 555-222
info@hoerl-hartmann.de

Ziegelwerk-Deckensysteme
Wöhrl GmbH
Berghaselbach 5
85395 Wolfersdorf
Tel.:   08168 9062-0
Fax: 08168 9062-23
info@woehrl-ziegel.de

Ziegelwerk Anton Hanrieder OHG
Harland 19 1/2
85406 Zolling
Tel.:   08167 950284
Fax: 08167 9036
Hanrieder.Harland@t-online.de

Ziegelwerk
Franz X. Hanrieder OHG
Kratzerimbach 3
85406 Zolling
Tel.:   08167 950233
Fax: 08167 9317

Hörl Ziegel-Technik
Ziegeleistraße 24
86368 Gersthofen
Tel.:   0821 4789-0
Fax: 0821 4789-299
Info@hoerl-hartmann.de

Schlagmann Baustoffwerke
Ziegeleistraße 31
86551 Aichach
Tel.:   08251 8881-0
Fax: 08251 8881-10
info@schlagmann.de

Ziegelwerk Stengel GmbH
Ingolstädter Str. 101
86633 Neuburg-Ried
Tel.:   08431 8319
Fax: 08431 41128

Creaton AG
Dillinger Str. 60
86637 Wertingen
Tel.:   08272 86-0
Fax: 08272 86-500

Rapis-Ziegel
Markt Wald GmbH
Lechfelder Str. 20
86830 Schwabmünchen
Tel.:   08232 4074
Fax: 08232 3321
Rapis@t-online.de

Ziegelwerk Klosterbeuren
Ludwig Leinsing GmbH & Co.
Ziegeleistraße 12
87727 Babenhausen
Tel.:   08333 9222-0
Fax: 08333 4405
info@zwk.de

Ziegelwerk Arnach
J. Schmid GmbH & Co. KG
Ziegeleistraße 1
88410 Bad Wurzach-Arnach
Tel.:   07564 308-0
Fax: 07564 308-90
zwa-info@t-online.de

Georg Rimmele KG
J.G. Scheerle KG
Pfullendorfer Straße 10–12
88512 Mengen
Tel.:   07572 8275
Fax: 07572 6764

Ott Ziegel
Pfullendorf GmbH & Co. KG
Überlinger Straße 70
88630 Pfullendorf
Tel.:   07552 9216-0
Fax: 07552 9216-22
unipor@gmx.de

Ziegelwerk Ott
Ziegeleistraße 20
88662 Überlingen-Deisendorf
Tel.:   07551 62214
Fax: 07551 4947

THERMOPOR
Ziegel-Kontor Ulm GmbH
Olgastraße 94
89073 Ulm
Tel.:   0731 966940
Fax: 0731 63053

Ziegelwerk Bellenberg
Wiest GmbH & Co. KG
Tiefenbacher Str. 1
89297 Bellenberg
Tel.:   07306 9650-0
Fax: 07306 9650-77
service@bellenberger-ziegel.de

Ziegelwerk Gundelfingen GmbH
Äußere Haunsheimer Str. 2
89423 Gundelfingen
Tel.:   09073 9599-0
Fax: 09073 9599-60

Georg Rimmele KG
Riedlinger Straße 49
89584 Ehingen
Tel.:   07391 5008-0
Fax: 07391 5008-33
info@rimmele.de

Walther Dachziegel GmbH
Lohmühle 3–5
90579 Langenzenn
Tel.:   09101 708-0
Fax: 09101 708-38

Wienerberger Werk Spardorf
Buckenhofer Straße 1
91080 Spardorf
Tel.:   09131 509-0
Fax: 09131 509-50
info@wzi.de

Dehn-Ziegel GmbH & Co. KG
Am Hutsberg 1
91413 Neustadt a. d. Aisch
Tel.:   09161 8998-0
Fax: 09161 8998-22
dehn-ziegel-NEA@t-online.de

Ansbacher Ziegelei
Naglerstraße 40
91522 Ansbach
Tel.:   0981 96955-0
Fax: 0981 96955-15
Service@ansbacher-ziegel.de

Schlagmann Baustoffwerke
Ziegeleistraße 5
92444 Rötz
Tel.:   09976 20011-0
Fax: 09976 20011-504
info@schlagmann.de

Ziegelwerk Sittling
Köglmaier OHG
Sittling 23 1/2
93333 Neustadt a. d. Donau
Tel.:   09445 2834
Fax: 09445 2598

Jungmeier GmbH & Co. KG
Landshuter Str. 130
94315 Straubing
Tel.:   09421 5007-0
Fax: 09421 5007-400

Dehn-Ziegel GmbH & Co. KG
Culmer Straße 14
95490 Mistelgau
Tel.:   09279 998-0
Fax: 09279 998-66
dehn-ziegel-MGAU@t-online.de

Ziegelwerk Waldsassen AG
HART-KERAMIK
Mitterteicherstraße 6
95652 Waldsassen
Tel.:   09632 848-0
Fax: 09632 848-48
info@hart-keramik.de

Ziegelwerk Waldsassen AG
HART-KERAMIK
Am Bergwerk 12
95706 Schirnding
Tel.:   09233 7714-0
Fax: 09233 7714-14

Ziegelwerk Englert GmbH
Krautheimer Straße 8
97509 Zeilitzheim
Tel.:   09381 2433
Fax: 09381 4740

Wienerberger Werk
Bad Neustadt
Besengaustraße 19
97616 Bad Neustadt
Tel.:   09771 61340
Fax: 09771 2952
info@wzi.de

ZU Bayerische Ziegelunion
Zur Ziegelei 16
97753 Karlsstadt-Wiesenfeld
Tel.:   09359 9710-0
Fax: 09359 971018
info@bayerische-ziegelunion.de

Wienerberger Werk
Erfurt-Gispersleben
Zur Alten Ziegelei
99091 Erfurt-Gispersleben
Tel.:   0361 74018-0
Fax: 0361 74018-99
info@wzi.de

Wienerberger Werk Bollstedt
Am Silberrasenweg 1
99998 Bollstedt
Tel.:   03601 8816-0
Fax: 03601 8816-14
info@wzi.de

Sachregister

Namensregister

Seite 97
Wohnbebauung in München
Architekt:
  Christof Wallner, München
Mitarbeiter:
  Bettina Görgner, Corinna Müller
Tragwerksplaner
  Joachim Eiermann, München

Seite 98
Doppelhaushälfte in München
Bauherr:
  Brigitte Püls, München
Architekten:
  Andreas Meck, München
  Brigitte Püls, München
Ausführungsplanung:
  Stephan Köppel, München
Tragwerksplaner
  Hans-Ludwig Hausdorfer,
  Markt Schwaben

Seite 100
Wohnhaus in München
Bauherr:
  Norbert und Klaus Weigl
Architekten:
  Thomas Hammer und
  Doris Schmid-Hammer, München
Mitarbeiter:
  Timo Jeskanen,
  Manfred Weihermann
Tragwerksplaner
  Behringer und Müller, München

Seite 102
Wohnhaus in der Hallertau
Architekt:
  Walter Stolz, Rosenheim
Mitarbeiter:
  Georg Trengler
  Elisabeth Mehrl (Farbgestaltung)
Tragwerksplaner
  Bauer Ingenieure, Landshut

Seite 104
Atelierhaus in Eichstätt
Bauherr:
  Familie Lang, Eichstätt
Architekt:
  Diezinger & Kramer, Eichstätt

Seite 106
Wohnsiedlung in Neu-Ulm
Bauherr:
  NUWOG/Helmut Mildner,
  Neu-Ulm
Architekt:
  G.A.S.-Sahner, Stuttgart
  Georg Sahner
Tragwerksplaner
  Ing. Büro Müller, Kirchberg/Iller

Seite 108
Wohnanlage in Waldkraiburg
Architekt:
  Andreas Meck, München
Mitarbeiter:
  Egbert Ackermann,
  Christoph Engler
Tragwerksplaner
  Franz Mitter-Mang, Unterreit

Seite 110
Wohnanlage in Ludwigsburg
Bauherr:
  Wohnungsbau Ludwigsburg GmbH
Architekt:
  Hartwig N. Schneider mit
  Gabriele Mayer, Stuttgart
Projektarchitekten:
  Andreas Gabriel,
  Ingo Pelchen
Mitarbeiter:
  Franz Lutz

Namensregister
Die Nennung der Namen erfolgt nach
Angabe der jeweiligen Architekten.

Bildnachweis

Seite 7, 108
Franz Wimmer, München
Seite 95, 97, 98, 99
Michael Heinrich, München
Seite 100, 101
Henning Koepke, München
Seite 102
Job Roman, München
Seite 103
Gerhard Schlötzer, Bamberg
Seite 104
Andreas Gabriel, München
Seite 105
Stefan Müller-Naumann, München
Seite 106, 107
Peter Bonfig, München
Seite 109
Edwin Kunz, Berg
Seite 110, 111
Christian Kandzia, Esslingen
Seite 112
Roland Halbe/Contur, Köln

Fotos zu denen kein Fotograf genannt ist,
sind Architektenaufnahmen, Werkfotos
oder stammen aus dem Archiv DETAIL.